VOIR LA TERRE

Protéger la nature

CATHERINE LEVESQUE

FLEURUS GEO Ado

www.editionsfleurus.com

À la mémoire de ma grand-tante
Suzanne Mercier. C. L.

Texte : Catherine Levesque
Packaging éditorial et graphique : Sarbacane Design, Amaëlle Vitiello et Laurence de Bélizal
Conception graphique de la collection : Studio Bosson
Rédaction en chef de Géo Ado : Isabelle Bouillot
Direction du développement des Éditions Géo Ado : Dominique Fleurmont et Pierre-Olivier Bonfillon

Film : *La vie en sursis*
© GÉDÉON PROGRAMMES
Prémastering : DVD Maker

Direction éditoriale : Christophe Savouré
Direction du développement : Nicolas Ragonneau
Direction de création : Laurent Quellet
Direction artistique : Catherine Enault
Édition : Elodie Lépine
Fabrication : Thierry Dubus et Marie Guibert

L'auteure remercie Gilles Bentz (LPO), Laurence de Bélizal (Sarbacane), Emmanuelle Hubrecht, Anne Le Roux (Cedre) et Alexandre Sarradin, pour sa relecture.

15-27, rue Moussorgski, 75018 Paris
Dépôt légal : avril 2008
ISBN : 978-2-215-05516-7

N° d'édition : 93996
1re édition

Photogravure : Planète Couleurs
Achevé d'imprimer sur les presses de l'imprimerie Proost (Belgique).
Loi n° 49-956 du 16 juillet 1949 sur les publications destinées à la jeunesse.

Petit mode d'emploi...

Un **texte introductif** ouvre la double page sur le thème abordé.

Des **légendes** permettent de replacer les documents dans leur contexte.

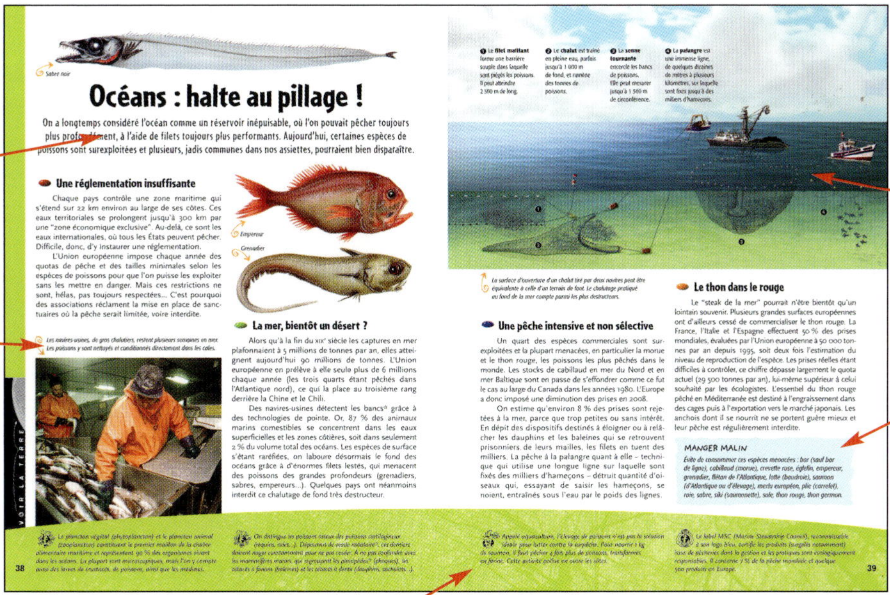

Des **photos** et des **dessins** illustrent les différents aspects du thème.

Des **encadrés** proposent un éclairage particulier sur un sujet précis.

Une **frise**, déroulée sur l'ensemble du livre, apporte des informations anecdotiques en rapport avec la double page.

Les photos portant le logo DVD sont extraites du DVD *La vie en sursis*.

L'astérisque (*) signale les mots expliqués dans le **lexique** lors de leur première apparition sur une double page.

Les **pictogrammes** de la frise aident à identifier la nature de l'information :

Phénomènes naturels

Nature en danger

Histoire et paléontologie

Hommes et peuples

Chiffres et records

Culture

Protection de la nature

Observation

Faune et flore

Idées fausses

Sommaire

Quand la vie s'organise

L'écologie n'est pas seulement un combat pour protéger l'environnement. C'est une science relativement récente qui étudie l'équilibre entre les êtres vivants - végétaux, animaux - et les milieux qu'ils habitent. Le monde vivant forme en effet un réseau très élaboré, où chaque organisme occupe une place déterminée.

Un enchevêtrement* complexe

Tous les êtres vivants dépendent de leur environnement et interagissent. Des individus d'une même espèce, animale ou végétale, appartiennent à une population. Les populations coexistent dans un même milieu, le biotope, en formant une communauté, appelée biocénose. On nomme écosystème l'ensemble formé par le biotope et la biocénose, et les rapports qui s'établissent entre eux. En Europe, la forêt boréale, la forêt tempérée, les milieux méditerranéens, la montagne et le littoral constituent les principaux écosystèmes. Il peut aussi s'agir d'un étang, d'une dune, d'un arbre mort... De toutes tailles, les écosystèmes reposent sur un équilibre complexe.

La biosphère englobe la totalité de ces écosystèmes, ainsi que les éléments chimiques indispensables à la vie : l'eau, une partie du sol et de l'atmosphère. C'est la couche vivante de notre planète. Mais 95 % des êtres vivants sont concentrés sur une zone allant de 100 m sous le niveau de la mer à 3 000 m d'altitude.

La biosphère correspond à la partie de la Terre où la vie s'est développée.

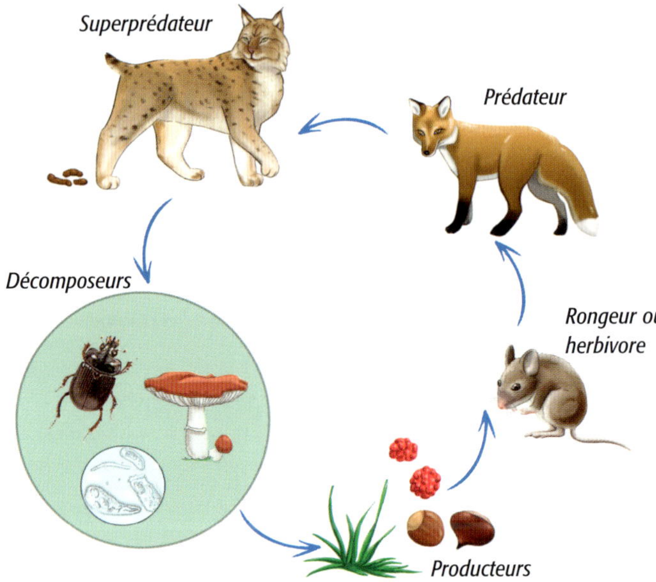

Dans une chaîne alimentaire, chaque élément représenté est mangé par celui qui le suit. Chaque maillon de la chaîne correspond à un niveau trophique, c'est-à-dire à un lien de nutrition.

Dis-moi qui tu manges...

À l'exception des végétaux, tous les êtres vivants dépendent d'autres êtres vivants pour se nourrir. Les végétaux, eux, fabriquent de la matière organique* à partir des minéraux du sol et de l'énergie solaire : c'est la photosynthèse. Appelés producteurs, ils nourrissent les consommateurs primaires (herbivores), eux-mêmes mangés par les consommateurs secondaires (carnivores). Les décomposeurs (champignons, bactéries...) désintègrent la matière non digérée par les animaux (excréments, cadavres...) et restituent des éléments minéraux au sol qui, à son tour, nourrit les végétaux. C'est la chaîne alimentaire. À chaque étape, chacun produit de la matière (feuilles, muscles, sels minéraux...) : on parle du cycle de la matière. Au sein d'un écosystème, l'ensemble des chaînes alimentaires qui s'entremêlent est appelé réseau trophique.

C'est au biologiste allemand Ernst Haeckel que l'on doit le terme "écologie", qu'il inventa en 1866. Il est issu du grec oikos, *qui signifie "maison", "habitat", et de* logos *("connaissance") : c'est la science de la maison, de l'habitat, au sens de lieu de vie.*

Développée dans les années 1920, l'écologie est à la fois une science et un mouvement politique. L'écologue étudie les relations que les êtres vivants entretiennent entre eux et avec leur milieu naturel, tandis que l'écologiste défend l'environnement.

À chacun sa niche !

Dans un écosystème, l'habitat d'une espèce correspond en quelque sorte à son adresse. Certaines espèces, comme le moineau, s'accommodent de nombreux habitats ; d'autres se cantonnent à un milieu bien particulier, comme le drosera, une plante carnivore qui pousse dans les tourbières (*voir p. 48-49*). Les différents êtres vivants qui partagent un même habitat occupent chacun une place précise, appelée niche écologique, qui s'apparente à un mode de vie. Ils ne mangent pas tout à fait la même chose, ne chassent pas au même endroit ni à la même heure. Sans cela, ces êtres ne pourraient pas cohabiter.

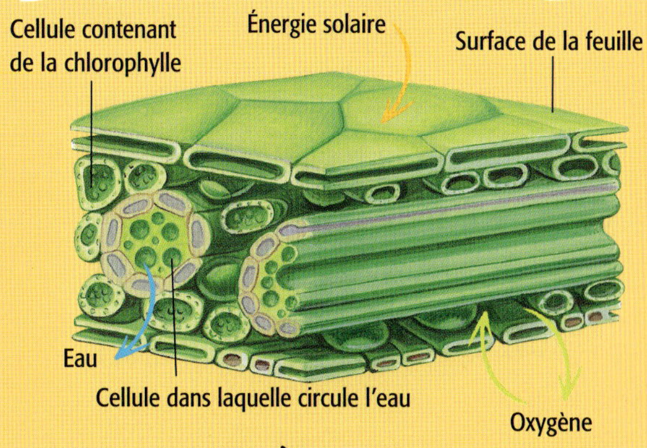

TOUTE LA LUMIÈRE SUR LA PHOTOSYNTHÈSE

Les végétaux ont l'extraordinaire capacité de fabriquer leur matière organique à partir du dioxyde de carbone (CO_2) – aussi appelé gaz carbonique –, de l'eau et des minéraux du sol, en présence de lumière. Appelé photosynthèse, ce processus complexe se déroule dans certaines cellules de leurs feuilles grâce à la chlorophylle, un pigment vert qui capte l'énergie lumineuse (voir p. 27). Parfois, cette couleur est masquée par d'autres pigments, comme c'est le cas chez certaines algues brunes.

Dans cet exemple de niche écologique, diverses espèces cohabitent parce qu'elles nidifient dans des zones différentes : terrier de lapin pour le macareux, sommet herbeux pour le goéland, zone ventée pour le fou, étroite corniche pour le pingouin et le guillemot, flanc de falaise pour le fulmar, bas de falaise pour le cormoran.

Les guillemots sont d'excellents plongeurs. Dans l'eau, ils se servent de leurs ailes comme nageoires.

Dans le nord de la France, une pelouse polluée par une usine de transformation du zinc voit aujourd'hui fleurir des plantes spécifiques, adaptées aux métaux lourds qui restent présents dans le sol. Cette pelouse dite "métallicole" abrite même des espèces protégées.*

Il faut 3 secondes à une bouse pour attirer des insectes, puis des oiseaux et des mammifères insectivores. Les mouches et les bousiers y pondent et des champignons y poussent. Si elles n'étaient pas recyclées par cette faune "coprophage" (qui se nourrit d'excréments), les bouses s'accumuleraient sur le sol et plus rien n'y pousserait.*

Les zones naturelles d'Europe

La biogéographie étudie la répartition des espèces à la surface de la Terre. Cette répartition s'explique par l'histoire géologique de la planète (dérive des continents*, activité volcanique, glaciations...), ainsi que par des facteurs géographiques et climatiques.

Les biomes, écosystèmes géants

À l'échelle de la planète, on remarque de vastes milieux naturels similaires d'un continent à l'autre, appelés biomes : océans, déserts, forêts tropicales, par exemple. Sur le continent européen, on rencontre ainsi du sud au nord quatre biomes principaux : les milieux méditerranéens, la montagne, la forêt tempérée, la forêt boréale de conifères (ou taïga). Mais on trouve aussi des milieux méditerranéens en Australie et en Afrique du Sud, quand les mêmes conditions de climat et de relief sont réunies.

Chacun de ces biomes se subdivise en une multitude d'écosystèmes. En zone méditerranéenne, par exemple, on distingue la forêt, la garrigue, le maquis (*voir p. 62-63*)... De même, en montagne, la vie diffère nettement entre la forêt de conifères et la pelouse alpine.

La taïga et la toundra. Dominée par les conifères, la **taïga** est une forêt boréale (c'est-à-dire située au nord) qui s'étend en Scandinavie et en Sibérie. L'hiver y est sec, long et très froid, et l'été relativement court. Au nord de la Scandinavie, la **toundra** succède à la taïga. C'est une plaine sans arbres qui se caractérise par un hiver très long et une température estivale ne dépassant jamais 10 °C. À certains endroits, le sol ne dégèle qu'en surface. La flore* y est très pauvre et la faune* peu diversifiée.

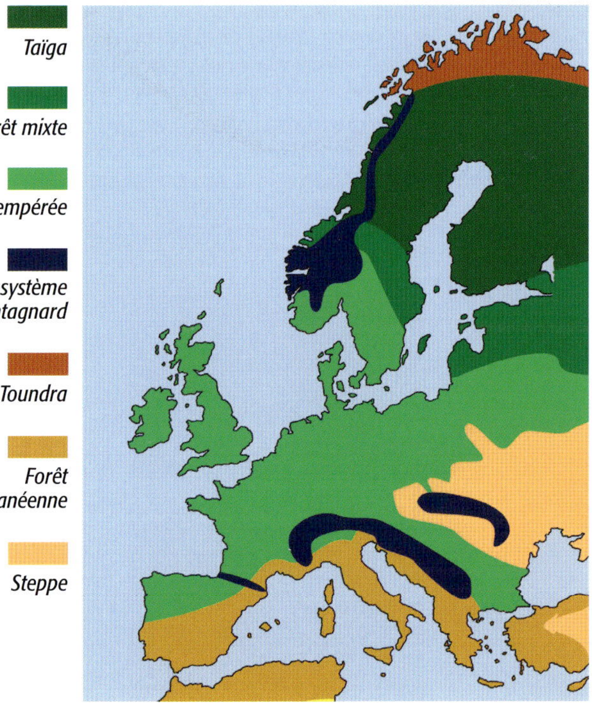

COSMOPOLITE OU ENDÉMIQUE ?

Les espèces ne se répartissent pas au hasard sur la planète, mais se localisent sur un territoire appelé aire de répartition. Certaines, comme le roseau, couvrent des espaces immenses sur différents continents. On dit qu'elles sont cosmopolites. D'autres se limitent à un territoire restreint : ce sont les espèces endémiques. Ainsi, le mélèze ne pousse que dans les Alpes.

La **montagne** se caractérise par l'étagement* de la végétation en fonction de l'altitude : forêt de feuillus, de conifères, prairies alpines, neiges éternelles. En Europe, le sommet le plus haut se situe en France, dans les Alpes : c'est le mont Blanc (4 808 m). Ci-dessous, la barre de l'Urgonien dans le Vercors, en France.

La diversité de ses paysages et sa situation de carrefour biologique expliquent que la France compte 60 % des espèces de rapaces nicheurs d'Europe, ce qui la place au deuxième rang derrière l'Espagne. Sur 23 espèces nicheuses, 7 sont considérées comme très rares (moins de 100 couples).*

La Méditerranée étant soumise à une forte pression humaine (pêche, tourisme...), certains sites y sont préservés. Financé par l'Union européenne, le projet MedPAN met en relation les pays responsables de ces zones (réserve naturelle de Miramar, en Italie, parc national de Cabrera, en Espagne...) pour qu'elles soient mieux protégées.

Variés, les **milieux méditerranéens** se trouvent dans les zones tempérées chaudes et connaissent une longue sécheresse estivale. La forêt méditerranéenne est constituée d'arbres à feuilles persistantes ou piquantes, comme le chêne vert et le chêne-liège. Quand elle est défrichée* ou brûlée, c'est le **maquis** ou la **garrigue** (*voir p. 62-63*) qui apparaissent, c'est-à-dire des milieux secs formés d'arbustes et de pelouse (cette dernière n'ayant rien à voir avec le gazon du jardin).

La **forêt tempérée** se nomme également forêt caducifoliée, car la plupart de ses arbres ont des feuilles caduques, qui tombent l'hiver. En Europe, on y trouve surtout des chênes, des châtaigniers, des hêtres. Plus complexe que la taïga, la forêt tempérée abrite une faune très variée.

ALTITUDE ET LATITUDE : DES SIMILITUDES

On observe les mêmes variations d'écosystèmes en allant de l'équateur au pôle Nord qu'en escaladant une montagne. Plus on monte, plus la température baisse, plus les précipitations augmentent et moins on trouve d'espèces. Dans les Alpes, une élévation de 100 m d'altitude correspond à un déplacement de 100 km vers le nord, soit environ 1° de latitude. Ainsi, on retrouve en montagne une végétation de type taïga entre 1 500 et 2 000 m.

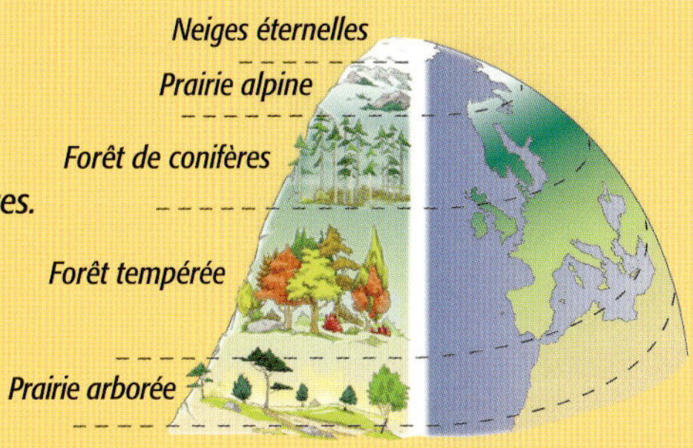

Le climat joue un rôle décisif dans la répartition des écosystèmes. Il dépend surtout de l'altitude et de la latitude. Combinés à la nature du sol, l'ensoleillement, la température, la pluviosité, le vent... déterminent le climat d'une région et sa végétation, donc les animaux et végétaux qui y vivent.

Sur un sol calcaire, les coteaux très ensoleillés abritent un milieu naturel spécifique, la pelouse sèche, où poussent des plantes adaptées. Présents dans toute l'Europe, ces milieux rappellent les paysages méditerranéens et accueillent une faune et une flore semblables.

Animal ou végétal ?

Pour s'y retrouver parmi les quelque 1 800 000 espèces recensées sur la planète, les scientifiques ont choisi de les classer suivant leurs caractères communs en les représentant sous la forme d'un arbre dit "phylogénétique", qui ressemble à un arbre généalogique.

Trois branches et cinq règnes

Le monde vivant se divise en trois grandes branches : les eubactéries, les archæbactéries (des êtres unicellulaires dépourvus de noyau) et les êtres vivants pourvus d'une cellule ou de plusieurs cellules à noyau. Cette dernière branche se décompose en quatre règnes : les êtres unicellulaires à noyau tels que les amibes* ou les protozoaires*, les végétaux, les champignons et les animaux. Ces derniers forment le plus vaste des cinq règnes. Chaque règne est ensuite subdivisé en embranchements, classes, ordres, familles, genres et espèces (*voir p. 12-13*). Un vrai casse-tête !

Autotrophes ou hétérotrophes ?

Constituées d'une seule cellule, les bactéries représentent les formes de vie les plus simples, tandis que les animaux et les végétaux, beaucoup plus complexes, contiennent des milliards de cellules. Tous ces êtres vivants ont la capacité de se reproduire. Les végétaux se distinguent par leur aptitude à puiser dans la lumière l'énergie nécessaire à la vie, grâce à la photosynthèse (*voir p. 7 et 27*). On dit qu'ils sont autotrophes (ils se nourrissent par eux-mêmes). Les animaux, les champignons, les protozoaires et certaines bactéries puisent quant à eux leur énergie dans une matière organique* préexistante, animale ou végétale : ils sont hétérotrophes.

Cette gracieuse créature planctonique est appelée "ange de mer".

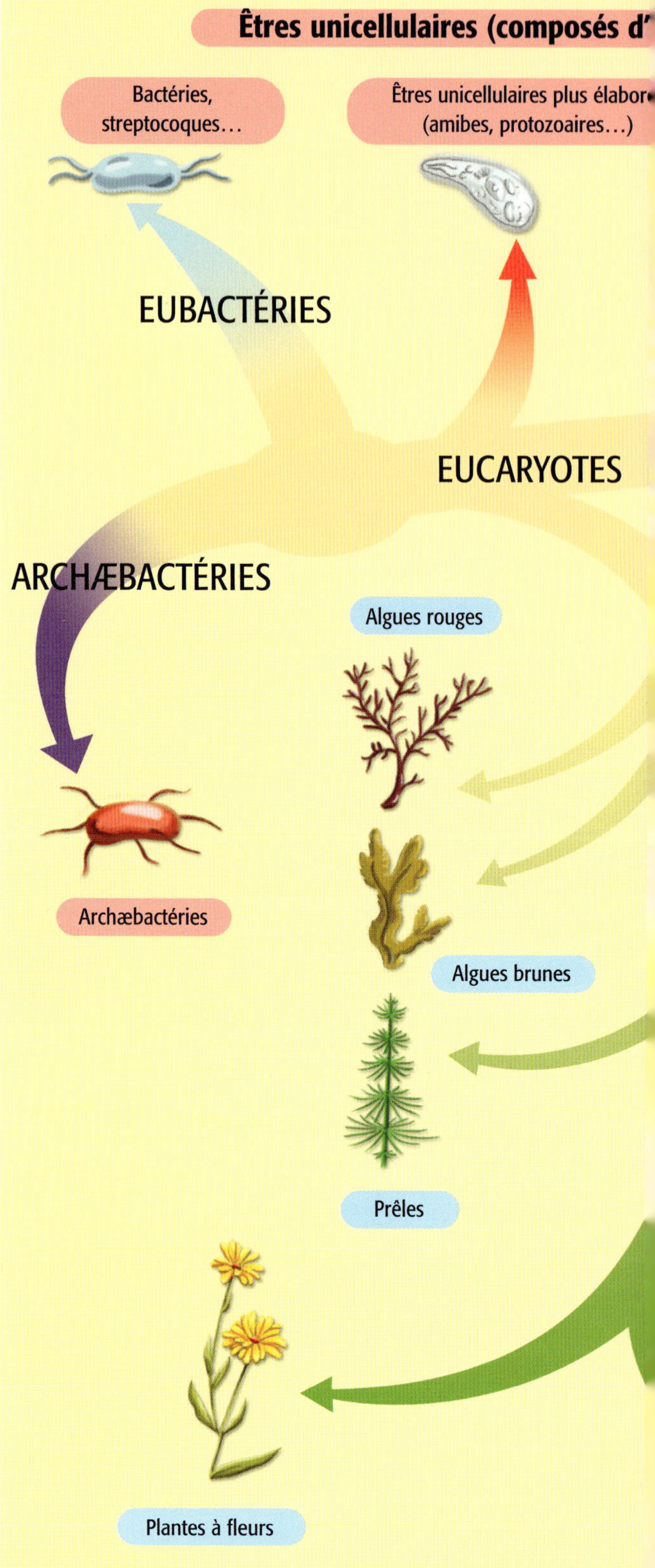

La vie est apparue sur Terre il y a plus de 3,5 milliards d'années, à partir du monde minéral : des molécules chimiques présentes dans les gaz de l'atmosphère se sont transformées en molécules organiques contenant du carbone, puis ont formé dans l'océan des organismes plus complexes.*

Les micro-organismes (bactéries, algues, champignons, "animaux" composés d'une seule cellule et virus) sont les êtres vivants les plus répandus. Dans 1 g de terre, il y aurait 2,5 milliards de bactéries, 400 000 champignons, 50 000 algues et 30 000 protozoaires. Bien qu'invisibles à l'œil nu, ils jouent un rôle écologique essentiel.*

(le cellule)

Êtres pluricellulaires (composés de plusieurs cellules)

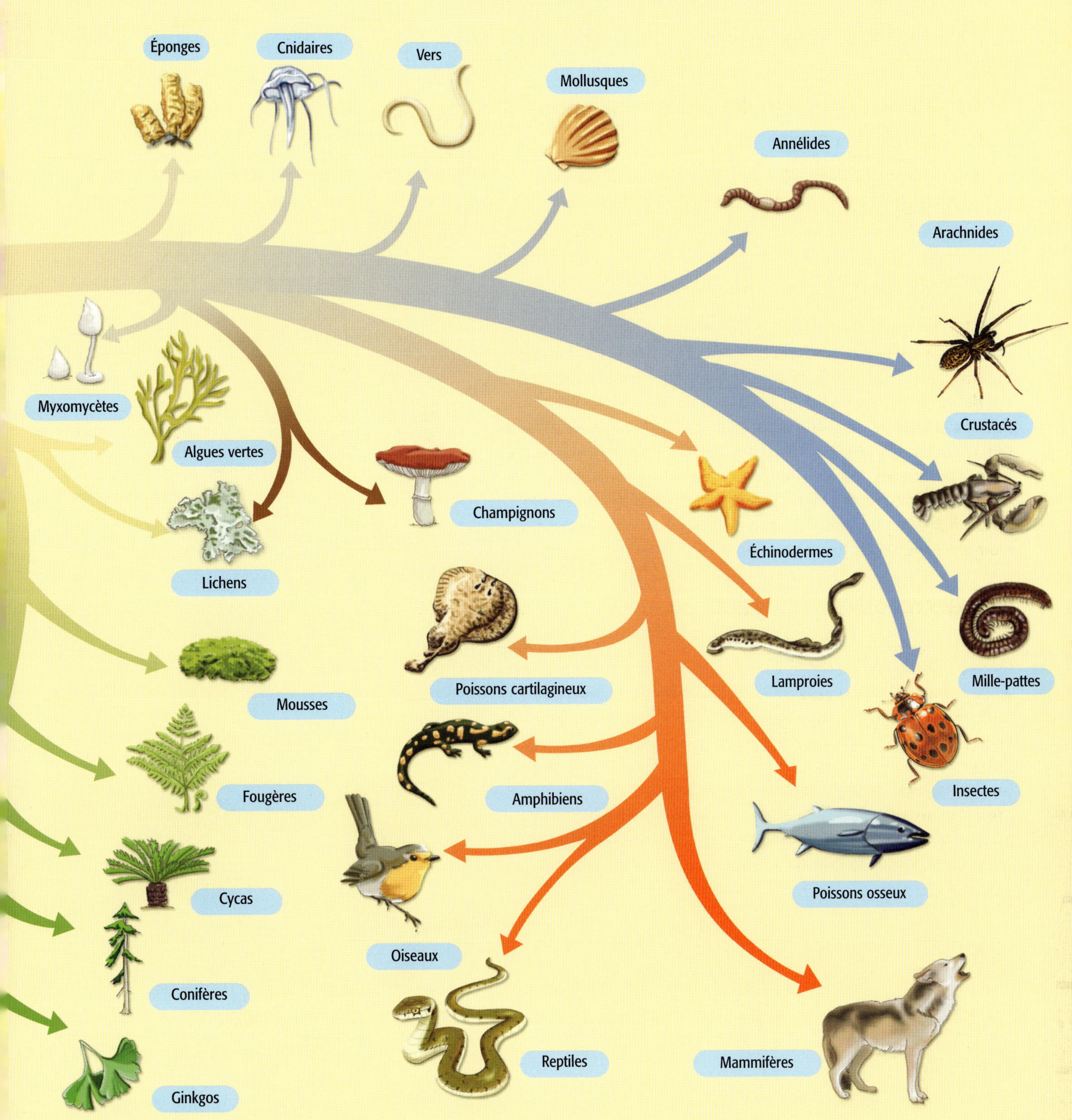

L'anémone de mer (ou actinie) n'est pas une plante, mais un animal. Ce mollusque capture ses proies grâce à ses tentacules venimeux, qu'il rétracte lorsqu'il est dérangé, formant alors une boule compacte facile à observer à marée basse, dans les flaques. L'actinie rouge, surnommée "tomate de mer", est la plus commune sur nos côtes.

Six centimètres pour 1,5 g ! Le pachyure étrusque détient le record du plus petit mammifère terrestre du monde. Cette musaraigne plutôt nocturne vit dans la garrigue, autour de la Méditerranée. Son poids peut varier de 15 % en une journée.

Petit inventaire de la biodiversité

Certains scientifiques estiment qu'il reste 8 à 15 millions d'espèces à découvrir, surtout parmi les insectes, les micro-organismes* et les plantes. Tout ce petit monde est répertorié par les biologistes dans un système de classification qui évolue en fonction des découvertes.

Les rouages de la classification

Le monde vivant se partage en cinq règnes, dans lesquels les organismes fonctionnent de la même manière (*voir p. 10-11*). Dans cet ouvrage, on délaissera les micro-organismes pour ne s'intéresser qu'aux règnes animaux, végétaux et aux champignons visibles à l'œil nu. Chacun de ces règnes est divisé en embranchements (ou phylums). Ainsi, dans le règne animal, le super-embranchement des cordés regroupe les animaux dotés d'un axe de soutien (la corde), à l'image de notre colonne vertébrale ou d'une arête de poisson. Chaque classe est ensuite subdivisée en ordres (par exemple, les carnivores), puis en familles (par exemple, les félins), puis en genres (par exemple, le genre *Felis*, qui comprend les lynx, le chat sauvage...). Enfin, l'espèce regroupe les individus capables de se reproduire entre eux.

Classification simplifiée du monde du vivant.

Animal	RÈGNE	Animal
Vertébrés	EMBRANCHEMENT	Arthropodes (invertébrés)
Mammifères	CLASSE	Insectes
Carnivores	ORDRE	Odonates
Félins	FAMILLE	*Libellulidae*
Felis	GENRE	*Libellula*
Lynx boréal	ESPÈCE	Libellule

Les vertébrés, une minorité

Au sein du super-embranchement des cordés, on trouve l'embranchement des vertébrés, qui comprend actuellement sept classes d'importance inégale : les mammifères, les oiseaux, les reptiles, les amphibiens, les poissons sans mâchoires (agnathes), les poissons cartilagineux (requins, raies) et les poissons osseux (96 % des espèces de poissons). Ce schéma montre la place occupée par les principales catégories de vertébrés, qui représentent environ 50 000 espèces dans le monde. Les poissons dominent largement, tandis que les amphibiens sont minoritaires.

UN MOT RÉCENT

Contraction de "diversité" et de "biologique", le néologisme (nouveau mot) biodiversité désigne depuis les années 1980 la richesse du monde vivant. Loin de se cantonner à la diversité des espèces, ce terme englobe la variété des gènes et des écosystèmes. C'est parce que cette biodiversité est en danger depuis quelques décennies que les médias emploient de plus en plus souvent ce terme (*voir aussi p. 14-15 et 18-19*).

Répartition des espèces vertébrées dans le monde.

La faune continentale européenne est pauvre en vertébrés : un millier d'espèces, soit 3,6 % des espèces du globe, alors que l'Europe occupe 6,8 % de la surface des continents. Mammifères et oiseaux sont les plus représentés, amphibiens et reptiles le sont le moins. La diversité des espèces augmente du nord au sud de l'Europe.*

On estime que plus de 80 % des végétaux sont fécondés par les insectes, qui nous rendent d'autres services écologiques essentiels : décomposition des matières mortes, fertilisation* des sols... Il faut une vingtaine de personnes pour polliniser* une centaine de pommiers, alors que deux ruches suffisent.*

Répartition des êtres vivants selon le nombre d'espèces.

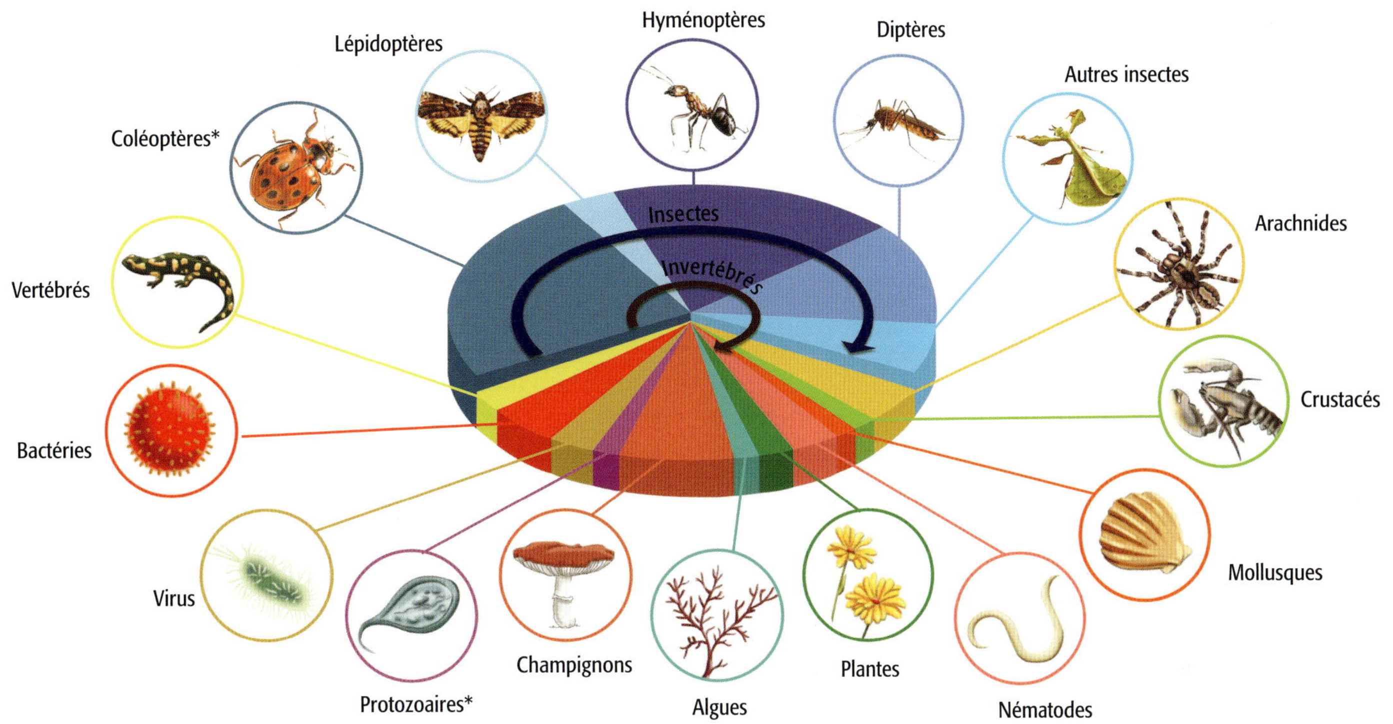

Les invertébrés, un monde à part

La classification devient encore plus complexe quand on se penche sur les invertébrés, qui représentent 97 % des espèces animales et se subdivisent en plus de 30 embranchements. Parmi eux, celui des arthropodes* est le plus vaste du monde animal, car il recense les trois quarts des espèces. Au sein de cet embranchement, la classe des insectes constitue le sous-groupe le plus important et le seul à maîtriser le vol. On en compte au moins un million, mais ils sont en réalité beaucoup plus nombreux. L'Europe abrite environ 60 000 espèces d'insectes.

Il y a végétal et végétal

Le monde végétal est un vrai casse-tête. Il y a ceux qui forment un règne à part – les champignons –, incapables de pratiquer la photosynthèse, et les cas particuliers, comme les lichens, étrange association d'une algue et d'un champignon. Mais ce sont les plantes à fleurs, appelées angiospermes, qui dominent le règne végétal depuis 65 millions d'années, avec 275 000 espèces.

Incroyablement diversifiées, les plantes à fleurs figurent parmi les espèces les plus évoluées du règne végétal, notamment par leur mode de reproduction.

En France métropolitaine, on estime que 19 % des vertébrés ont disparu depuis que l'on a commencé à les répertorier, ou bien sont gravement menacés ; 44 % d'entre eux sont protégés par la loi. La dernière espèce officiellement éteinte est le bouquetin des Pyrénées, disparu en 2002.

Rare chez les mammifères et les oiseaux, la découverte de nouvelles espèces est surtout courante chez les insectes. Appelés systématiciens, les scientifiques spécialisés dans l'identification des espèces en découvrent plus de 10 000 chaque année.

Vers une sixième extinction ?

Notre planète a déjà connu cinq extinctions de masse, dont la dernière vit disparaître les dinosaures. Celle à laquelle nous assistons est pour la première fois due exclusivement à l'impact d'une espèce – l'homme – sur son environnement. Les scientifiques parlent d'une "sixième extinction".

Le lis de mer est une espèce protégée en raison des menaces pesant sur son habitat traditionnel, la dune.

Cousin sauvage du hamster vendu dans les animaleries, le grand hamster vit en Alsace, en Allemagne, en Belgique et aux Pays-Bas. Menacé d'extinction en Europe de l'Ouest, ce rongeur protégé fait l'objet d'un programme de conservation.

Une crise majeure

Les espèces recensées aujourd'hui dans le monde font la richesse de notre planète, que l'on résume sous le terme de biodiversité (*voir p. 12-13 et 18-19*). La disparition d'espèces animales ou végétales est un processus naturel dans l'évolution, mais elle se produit normalement en quelques millions d'années. On estime d'ailleurs que les espèces éteintes sont bien plus nombreuses que les espèces vivantes. Le phénomène actuel d'extinction se distingue par son ampleur et sa vitesse, estimée mille fois plus importante que le rythme naturel : environ 27 000 espèces animales et végétales disparaîtraient chaque année, soit 74 par jour. Autrement dit, une espèce, animale ou végétale, serait rayée de la planète toutes les vingt minutes, parfois même avant que les scientifiques n'aient eu le temps de la découvrir.

Une liste qui s'allonge désespérément

Grâce à la collaboration de 10 000 scientifiques, l'Union mondiale pour la nature (UICN, *voir p. 18*) établit chaque année une liste rouge des espèces menacées, classées en différentes catégories selon le risque encouru : espèce éteinte, éteinte à l'état sauvage, en danger critique d'extinction, en danger, vulnérable ou menacée à plus ou moins long terme. Actuellement, plus de 16 000 espèces en péril y figurent, soit un mammifère sur quatre, un oiseau sur huit, un batracien sur trois. Et cet inventaire est malheureusement loin d'être complet. C'est en Chine, au Brésil, en Australie et au Mexique que le nombre d'espèces menacées est le plus important. Au seul pôle Nord, la fonte des glaces due au réchauffement climatique menace la survie d'espèces végétales et animales qui ont mis des dizaines de milliers d'années à s'adapter à la vie polaire, et qui ne pourront pas vivre dans un climat plus chaud (*voir DVD, chap. 3, 4, 5*).

L'impact du réchauffement climatique sur l'écosystème polaire affecte des espèces telles que l'anémone antarctique et le renard polaire (ci-contre), *qui voient leur habitat se modifier.*

Certaines espèces domestiques disparaissent elles aussi parce que notre agriculture moderne a privilégié les races productives aux dépens des autres : environ 20 % des races bovines (vaches), caprines (chèvres), porcines (porcs), équines (chevaux) et avicoles (volailles) du monde risquent de s'éteindre.

En raison de la fonte de la banquise dans l'Arctique, les ours polaires doivent nager sur des distances de plus en plus longues pour chasser le phoque et sont de plus en plus souvent victimes de noyades, fait rare auparavant.

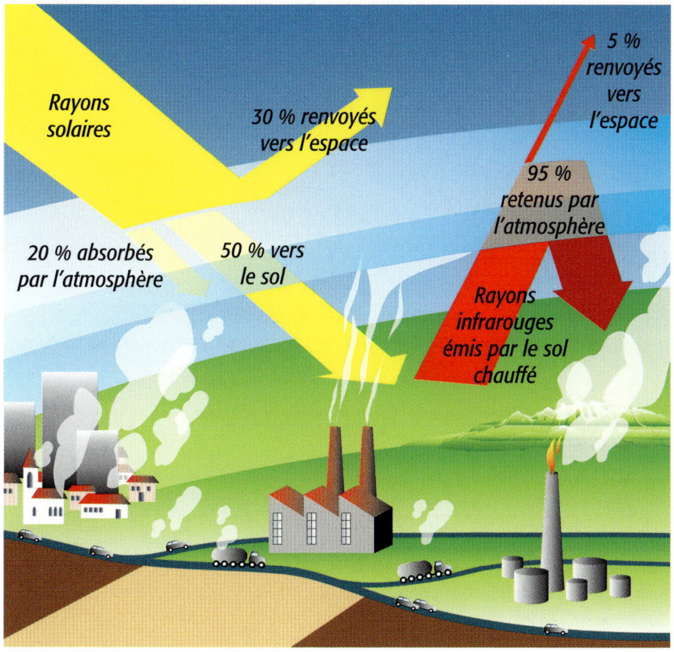

Ça va chauffer !

L'atmosphère qui entoure la Terre a toujours retenu une partie de la chaleur du Soleil. Sans ce phénomène, appelé effet de serre, la température moyenne à la surface du globe ne serait pas de 15 °C, mais de moins 18 °C (*voir dessin ci-dessus*). Or, depuis le XIXe siècle, l'industrialisation, les transports et le chauffage, en brûlant des énergies fossiles (charbon, pétrole, gaz...), ont augmenté de 30 % la quantité de dioxyde de carbone (CO_2), le plus important des gaz à effet de serre. La couche de l'atmosphère responsable de l'effet de serre s'est donc considérablement épaissie, empêchant la chaleur du Soleil de s'échapper dans l'espace. La température moyenne à la surface du globe a augmenté de 0,6 °C depuis 1950 (*voir DVD, chap. 1, 9 et 11*). À l'horizon 2100, elle pourrait s'élever de 2 à 6 °C.

LE PROTOCOLE DE KYOTO

Entré en vigueur en 2005, le protocole de Kyoto, négocié en 1997, vise à réduire de 5,2 % les émissions de gaz à effet de serre d'ici à 2012 par rapport à celles de 1990. Il a été ratifié par plus de 150 pays, à l'exception notable des États-Unis et de l'Australie.

Des atteintes multiples

Résumée sous le terme de biodiversité, la diversité biologique est devenue plus que jamais une notion d'actualité. Sa dégradation s'explique par de nombreux facteurs, les plus importants étant la destruction des habitats (en France, par exemple, les aménagements routiers occupent une plus grande surface que les espaces protégés), l'introduction d'espèces invasives (*voir p. 46-47*), la pollution, les prélèvements excessifs (surpêche, braconnage*, trafic des espèces...), le réchauffement climatique.

Le bouquetin ibérique a disparu des Pyrénées françaises en 1910 en raison de la chasse et, plus récemment, du parc national d'Ordesa, côté espagnol. Des projets de réintroduction sont à l'étude sur le versant français.

Les États-Unis produisent plus de gaz à effet de serre que l'Amérique latine, l'Afrique, le Moyen-Orient, l'Asie, le Japon et l'Australie réunis. Alors qu'ils représentent 5 % de la population mondiale, ils sont responsables de 30 % des émissions, contre 27 % pour l'Europe entière.

Pour limiter ses émissions de gaz à effet de serre, l'Europe a mis en place en 2005 une "bourse du carbone", fondée sur des "permis de polluer". Si une industrie émet plus de CO_2 qu'on ne l'y autorise, elle doit racheter des droits d'émission aux entreprises qui en émettent moins. Mais ce système est pour l'instant peu efficace.

Les principales espèces menacées d'Europe.

Un groupe de scientifiques international, semblable au Groupe intergouvernemental sur l'évolution climatique (Giec), devrait voir le jour en 2008 pour rassembler les données sur la biodiversité et convaincre les politiques de prendre des mesures.

Une association allemande veut créer un réseau de 20 000 km de couloirs de végétation pour les chats sauvages en voie de disparition : 20 000 arbres et buissons ont déjà été plantés entre la forêt de Thuringe et le parc national de Hainich. Ce projet pourrait être étendu à toute l'Europe centrale.

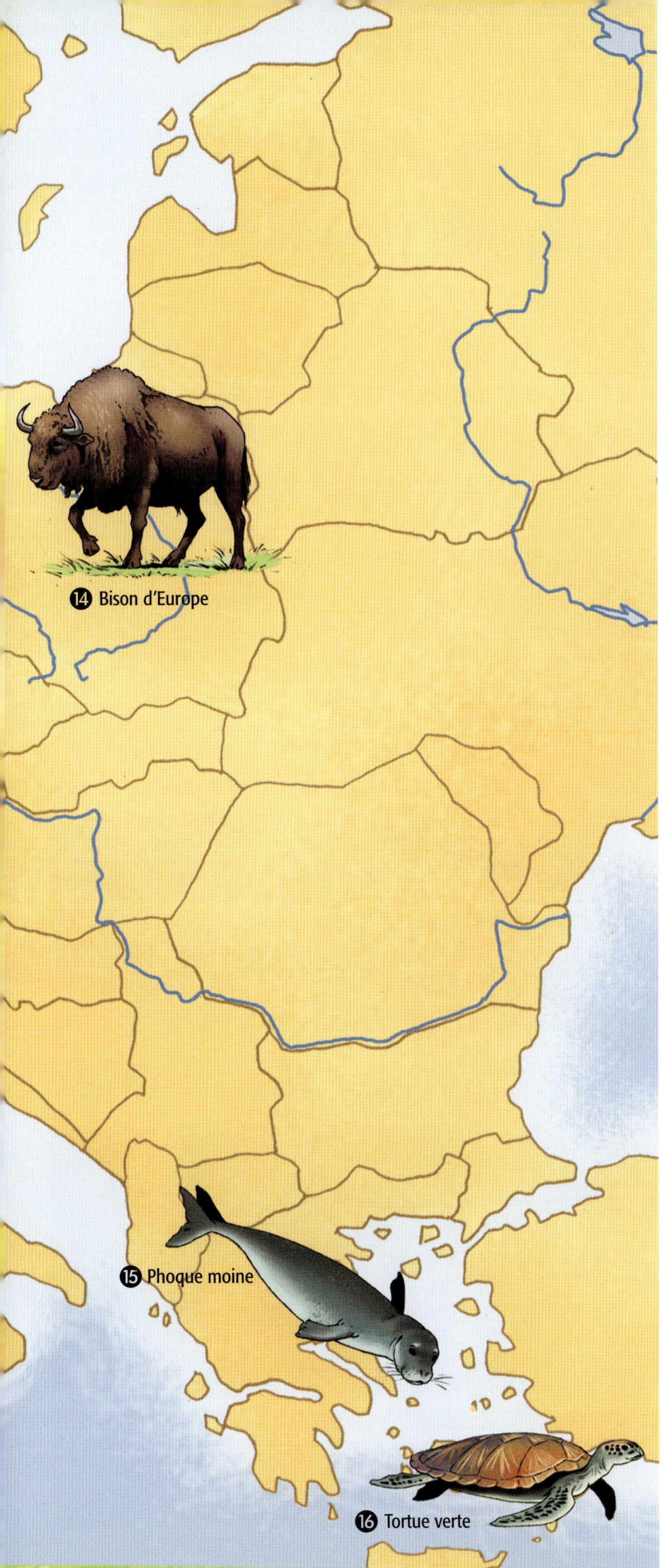

Des espèces en sursis

Plus de 16 000 espèces animales et végétales sont en danger d'extinction dans le monde. L'Espagne, le Portugal, l'Italie et la France sont les quatre pays d'Europe qui hébergent le plus grand nombre d'espèces menacées.

1 et 2 Le sort du **pocheteau gris**, une sorte de raie, et de l'**ange de mer**, un requin qui s'est éteint dans la mer du Nord, illustre la raréfaction* de nombreux poissons, autrefois courants sur les marchés européens.

3 Le **saumon de l'Atlantique** a disparu de 15 % des rivières et fleuves d'Europe en l'espace d'un siècle.

4 Au bord de l'extinction au niveau mondial, l'**esturgeon européen** n'est plus présent sur le continent que dans l'estuaire de la Gironde et ses affluents.

5 Le **vautour percnoptère** est en forte régression dans toute l'Europe depuis le début du XXe siècle en raison de la modernisation de l'élevage des vaches et des moutons et de la législation sur l'abattage, qui privent ce charognard d'alimentation.

6 Recherché pour la qualité de sa chair, le **flétan** vit en eau profonde, où il est très menacé.

7 Le **lynx ibérique** est le félin le plus menacé du monde. Il en subsiste une cinquantaine dans le parc national de Doñana, en Espagne.

8 Le **vison d'Europe** est l'un des carnivores les plus en danger du continent malgré un programme de sauvegarde. Il est victime de la concurrence du vison d'Amérique qui a été introduit en Europe, s'est échappé dans la nature et acclimaté, occupant les mêmes milieux.

9 L'**aigle de Bonelli** figure parmi les rapaces les plus menacés d'Europe en raison de la raréfaction de ses proies et de la perturbation de ses sites de nidification. Il reste une trentaine de couples en France.

10 La **moule perlière** est l'un des mollusques les plus rares du monde. En France, il n'en survivrait que 100 000 dans une trentaine de rivières.

11 La **vipère d'Orsini** est en déclin dans plusieurs pays d'Europe de l'Ouest, en particulier dans le Sud-Est de la France.

12 Poisson emblématique de la Méditerranée, le **mérou brun** a failli disparaître en raison de la chasse au harpon, interdite en France depuis 1993. Depuis, ses populations se reconstituent petit à petit.

13 En France, la **tortue caouanne** a cessé de se reproduire. Son avenir en Méditerranée est suspendu à la protection des zones de ponte, qui subsistent principalement en Turquie et en Grèce.

14 Le **bison d'Europe** a été réintroduit dans les années 1950 à partir d'animaux de zoo. On en compte 4 000 en Pologne, en Ukraine, en Russie…

15 Victime du dérangement et des filets de pêche, le **phoque moine** de Méditerranée est considéré comme éteint en France. Une centaine de ces pinnipèdes* survit autour des îles grecques et turques.

16 Jadis commune, la **tortue verte** a été chassée intensivement. Moins de 300 femelles se reproduiraient en Méditerranée.

L'Union mondiale pour la nature et le Muséum national d'histoire naturelle préparent une liste rouge des espèces menacées en France, qui sera publiée en 2010. Cette liste de référence permettra de connaître les priorités d'action pour sauvegarder ces espèces.

Victime des incendies, des voitures et de prélèvements illégaux, la tortue d'Hermann est le reptile le plus menacé de France. Unique tortue terrestre du pays, elle ne survit que dans le Var et en Corse. Le Village des tortues, à Gonfaron, abrite une clinique équipée pour les secourir. Il en survit en Espagne, en Italie et dans les Balkans.

Le dernier spécimen de grand pingouin a été tué en Islande en 1844.

Au secours de la biodiversité

Depuis le Sommet de la Terre en 1992, 188 pays ont signé la Convention sur la diversité biologique, s'engageant à réduire efficacement son déclin d'ici à 2010. La France en fait partie et a lancé en 2004 sa stratégie nationale pour la biodiversité, qui se concrétise par divers plans d'action.

Une prise de conscience récente

En Europe, l'intérêt pour la protection de la nature remonte au XIXe siècle, avec les progrès des sciences naturelles et de la connaissance du monde. Mais c'est dans la seconde moitié du XXe siècle que la prise de conscience s'est accélérée. La première grande organisation internationale de conservation de la nature, l'UICN (Union internationale pour la conservation de la nature, devenue Union mondiale pour la nature), a été créée en 1948.

La France, une position stratégique

Située au carrefour de quatre régions biogéographiques (continentale, atlantique, méditerranéenne et alpine), la France est l'un des principaux réservoirs de biodiversité de l'Europe (*voir carte p. 8*). Elle compte 135 espèces de mammifères et 357 d'oiseaux. Plus de la moitié des espèces d'oiseaux nichant en Europe se reproduisent dans l'Hexagone. La France occupe la deuxième position pour les amphibiens (35 espèces, soit plus de la moitié des espèces européennes) et elle possède 40 % de la flore* de l'Union européenne, ce qui lui donne une grande responsabilité à l'égard du patrimoine naturel du Vieux Continent. Ce patrimoine naturel est encore bien plus important si l'on prend en compte les départements et les territoires d'outre-mer. En 2006, la protection de la nature ne représentait toutefois que 0,06 % du budget de l'État. C'est très peu.

Disparu vers 1970, le cerf de Corse a été réintroduit sur l'île en 1985 avec quelques individus en provenance de Sardaigne.

En voyage, il ne faut jamais acheter d'animal vivant ni de souvenir issu de la nature : coquillages, corail, ivoire, carapaces de tortue, peaux de serpent, scorpions séchés, bois précieux... Ce commerce, bien que réglementé, reste l'une des principales causes de disparition des espèces.

En France métropolitaine, 10 % des plantes indigènes (c'est-à-dire locales) sont menacées. D'après l'Union mondiale pour la nature, 9 espèces sont considérées comme éteintes et 16 sont présumées disparues.

Les dates phares de la protection de la nature en Europe

1909 : création des premiers parcs nationaux d'Europe en Suède.

1922 : création d'un comité international de protection des oiseaux (BirdLife International) à Londres.

1948 : création en France de l'Union mondiale pour la nature (UICN).

1960 : premier parc national français, le parc de la Vanoise.

1971 : création du ministère de l'Environnement en France.

1973 : convention sur le commerce international des espèces de faune* et de flore sauvages menacées d'extinction (Cites). Elle réglemente par un système de permis le passage à la frontière de plus de 33 000 espèces et de produits qui en sont dérivés.

1975 : création du Conservatoire du littoral en France.

10 juillet 1976 : première loi française pour la protection de la nature, qui donne un cadre juridique à la sauvegarde de l'environnement. Elle permet d'établir des listes d'espèces menacées, de classer le territoire en zones protégées. La nature devient un bien commun à tous les Français.

1979 : directive européenne Oiseaux, qui vise à protéger les oiseaux sauvages.

1979 : convention de Berne (qui protège les espèces qui y sont inscrites) et convention de Bonn (qui protège les espèces migratrices en danger).

1992 : directive européenne Habitats visant à maintenir la biodiversité par la conservation de certains sites naturels. Création de L'Instrument financier pour l'environnement (Life), qui finance des actions de protection de la nature à l'échelle européenne.

1er mars 2005 : Charte de l'environnement. Elle intègre à la Constitution française les principes du droit à un environnement sain, en les plaçant au même niveau que les droits de l'Homme.

LA BIODIVERSITÉ AU SERVICE DE LA NATURE

La biodiversité est source d'aliments (poissons, fruits, légumes...), de matières premières (bois, textiles, caoutchouc...), de médicaments (plus de la moitié sont issus de plantes ou de micro-organismes), et contribue au maintien de la qualité de l'eau, de l'air et des sols. Plus un écosystème est diversifié, plus il est stable. Une espèce qui disparaît, c'est une richesse et un réservoir génétique* précieux perdus à tout jamais. Or, on estime qu'environ 60 % des services rendus par la nature sont dégradés.*

Le logo de la Charte de l'environnement, adoptée en France en 2005.

Attention, trafic !

Hippocampes, boîtes de caviar, objets en ivoire, tongs en peau de python... les douaniers saisissent régulièrement d'étranges objets dans les aéroports. Après la drogue et les armes, le trafic d'animaux et de végétaux sauvages est considéré comme la troisième source la plus importante de revenus illégaux. Avec la destruction des milieux naturels, le commerce illégal des espèces menacées est le deuxième facteur de dégradation de la nature.

Saisie d'objets de maroquinerie en crocodile, varan et serpent par les douanes de l'aéroport Charles-de-Gaulle.

Au cours des 500 dernières années, les activités humaines ont conduit 844 espèces animales répertoriées à s'éteindre. Parmi elles, le zèbre quagga, le thylacine, le dodo, le pingouin impérial, la poule de bruyère, le pigeon migrateur américain, le perroquet de Rodrigues...

Le programme Fauna Europaea liste toutes les espèces animales terrestres et d'eau douce répertoriées en Europe. Parmi les espèces découvertes entre 1998 et 2003 figurent un criquet au Danemark, une chauve-souris et un papillon de nuit en Grèce, une sangsue en Croatie, une mouche en Hongrie...

Quand l'Europe veille sur sa nature

L'Union européenne a initié en 1992 la création d'un réseau de sites naturels à préserver, appelé Natura 2000. Ce réseau unique au monde commence à prendre forme et coexiste avec d'autres zones protégées.

Un travail de longue haleine

Pour mettre en place le réseau Natura 2000, chaque pays a dû désigner, avec les naturalistes et les élus, des zones spéciales de conservation qui présentent un intérêt pour leur milieu naturel, ainsi que des zones de protection spéciales consacrées aux oiseaux. Cela a pris des années, puis chacun a remis sa liste à la Commission européenne. Avec dix ans de retard, la France vient d'achever la constitution de son réseau (1 676 sites), qui représente à peine 12 % de la surface métropolitaine, les territoires d'outre-mer n'étant pas concernés.

Un réseau d'un genre nouveau

La nouveauté de ce réseau, qui incarne la richesse écologique de l'Europe, est de ne pas mettre la nature sous cloche, à la différence des parcs nationaux : les activités humaines et la préservation de la nature devront coexister et des mesures seront prises pour ne pas déranger les espèces ou dégrader les habitats. Au total, le réseau Natura 2000 couvre 25 000 sites, soit 18 % de l'Union européenne (un peu moins que la surface de la Turquie).

Des réserves de biosphère

D'autres zones protégées existent en Europe. Une réserve de biosphère est un site exemplaire en matière de développement durable, c'est-à-dire qui « doit répondre aux besoins des générations actuelles sans mettre en péril la capacité des générations futures à répondre aux leurs ». Ce réseau mondial de réserves de biosphère comprend 482 réserves dans 102 pays. En France, on en compte une dizaine, et d'autres sont en projet. Certaines réserves de biosphère sont transfrontalières, c'est-à-dire à cheval sur plusieurs pays, comme la réserve du delta du Danube, située entre la Roumanie et l'Ukraine, ou celle des Vosges du Nord, entre la France et l'Allemagne.

La vallée de la Rospuda, en Pologne, désormais classée Natura 2000, abrite notamment une très vieille tourbière (voir p. 48)*. Les travaux de construction d'une autoroute, qui devait traverser la vallée, ont été interrompus en 2007 du fait de ce nouveau statut.*

Un nouvel outil de protection est né en France en 2006. Il s'agit des parcs naturels marins : le premier projet en cours, créé en 2007, est celui de la mer d'Iroise, à la pointe de la Bretagne. Le suivant pourrait concerner la côte de Cerbères-Banyuls, dans les Pyrénées-Orientales.

Le 22 mai a été décrété Journée mondiale de la biodiversité en hommage à la signature de la Convention sur la diversité biologique lors du Sommet de la Terre à Rio en 1992. De nombreux événements sont organisés chaque année à cette occasion dans divers pays.

La Suède a été le premier pays d'Europe à créer des parcs nationaux, avec 9 parcs nés en 1909. Elle en compte 28 aujourd'hui. Les 9 parcs nationaux français couvrent quant à eux 1 million d'hectares, soit à peine 2 % du territoire.

Il ne suffit pas de protéger des espaces naturels. Les espèces doivent pouvoir se déplacer d'un habitat à un autre grâce à des "corridors biologiques" qui peuvent être naturels (haie, rivière...) ou artificiels (les "crapauducs" aident les batraciens à passer sous une route, et les "bioponts" permettent aux cerfs de franchir une autoroute).

Les espaces protégés

Tandis que le béton gagne du terrain, la nature régresse. Quelques sanctuaires protègent les zones les plus riches de notre patrimoine naturel. Leur beauté attire beaucoup de touristes : 7 millions de visiteurs par an dans les parcs nationaux français. Pas facile de concilier loisirs et conservation...

La fédération Europarc
Du cercle polaire finlandais à la plus longue gorge d'Europe, en Crète, en passant par les marécages de Lettonie et les falaises irlandaises, l'Europe abrite une grande diversité d'espaces protégés. Parcs nationaux, parcs naturels régionaux, réserves naturelles... Tous ces sites sont regroupés dans la fédération Europarc. Ci-dessus, le parc national italien du Grand Paradis a joué un rôle important pour la sauvegarde du bouquetin des Alpes.

Les réserves naturelles
Elles occupent des superficies et des zones très diverses – montagne, mer, zones humides. La première réserve naturelle française fut créée en 1912 pour sauvegarder les macareux moines de l'archipel des Sept-Îles. En 2007, on en dénombrait 320, mais elles ne représentent que 1 % de la surface du pays. La réserve naturelle du Zwin (*ci-dessus*), sur la côte belge, préserve des vasières* et des prés salés très attractifs pour les oiseaux.

Les parcs nationaux
On compte quelque 200 parcs nationaux en Europe, qui exercent une protection très stricte. Certains sites, comme le parc national d'Ordesa et celui du Mont-Perdu, dans les Pyrénées espagnoles, sont inclus dans une réserve de biosphère. En France, il existe actuellement 9 parcs nationaux, qui protègent 2 % de la métropole : la Vanoise et Port-Cros (1963), les Pyrénées (1967), les Cévennes (1970), les Écrins (1973), le Mercantour (1979), la Guadeloupe (1989), la Réunion et la Guyane (2007). Ci-dessous, la cham des Bondons, dans le parc national des Cévennes, qui est aussi une réserve mondiale de biosphère.

En France métropolitaine, près de 700 espèces animales bénéficient d'une protection : presque tous les oiseaux et les reptiles, 83 % des amphibiens, 56 % des mammifères et 29 % des poissons d'eau douce (soit plus de la moitié des vertébrés).

La réserve naturelle de Saint-Nicolas-des-Glénan, un îlot au large de la Bretagne, a été créée en 1974 pour protéger le narcisse des Glénan. La survie de cette plante endémique, qui figure parmi les plus rares d'Europe, est désormais assurée.

DES TONDEUSES NATURELLES !

Sur les réserves naturelles dont elle s'occupe en France, la Ligue pour la protection des oiseaux utilise des animaux domestiques de race rustique (chevaux, vaches, moutons) pour entretenir les prairies de manière écologique. Elle contribue ainsi à sauvegarder ces espèces domestiques rares.*

Protection à la carte

Grâce à la loi de 1976 sur la protection de la nature, en France, de tout petits territoires peuvent être préservés par une décision du préfet (appelée "arrêté de biotope"), afin de garantir la survie d'une plante ou d'un animal. On y interdit par exemple le vélo tout-terrain, la chasse... En Bretagne, on a ainsi protégé une espèce de chauve-souris dans une église.

Les parcs naturels régionaux

Ils pratiquent une protection beaucoup plus souple que les parcs nationaux. Leur objectif est de mettre en valeur de grands espaces ruraux habités dont les paysages, les richesses naturelles et humaines sont de grande qualité, mais l'équilibre fragile. On recense en France 45 parcs naturels régionaux (13 % du territoire). Les Landes de Lüneburg (*ci-contre*), au nord de l'Allemagne, attirent les citadins de Hambourg, de Brême et de Hanovre.

Les conservatoires

Les Conservatoires d'espace naturel sont des associations qui protègent en France plus de 1 800 sites de grand intérêt pour la faune* et la flore*, en accord avec leurs propriétaires. Les espaces préservés s'étendent ainsi des îlots rocheux littoraux aux sites de reproduction des chauves-souris, en passant par les tourbières et les marais. Ci-contre, les Espaces naturels comtois, en Franche-Comté.

Une vingtaine de "plans de restauration" visent à conserver les espèces les plus menacées de France : ils concernent surtout des oiseaux (aigle de Bonelli, faucon crécerellette, gypaète barbu, milan royal, outarde canepetière, râle des genêts...), les chauves-souris, le hamster, l'ours brun, le vison d'Europe, la vipère d'Orsini.

Pour mieux connaître les risques qui pèsent sur notre biodiversité, un Inventaire national du patrimoine naturel est réalisé par le Muséum national d'histoire naturelle avec les naturalistes, les régions... On estime que 15 % des vertébrés sont en danger : un tiers des amphibiens et la moitié des poissons d'eau douce seraient concernés.

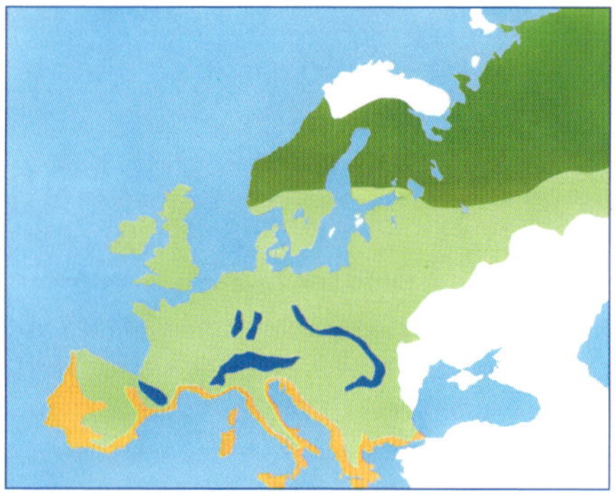

Les forêts d'Europe

Que reste-t-il des vastes forêts vierges qui couvraient jadis notre continent ? Hormis dans certains pays de l'Est et en Scandinavie, les forêts naturelles ont disparu en Europe au profit de massifs plus ou moins exploités pour leur bois, mais nettement moins riches en biodiversité.

Il y a forêt et forêt !

On distingue quatre grandes catégories de forêts sur le continent européen, qui regroupe 10 % des forêts de la planète.

La **forêt boréale** (ou taïga), dans le Nord, abrite surtout des résineux (ou conifères) et des bouleaux.

En **forêt tempérée**, les essences, c'est-à-dire les différentes espèces d'arbres, sont plus variées et mélangées (feuillus principalement, conifères...).

La **forêt de montagne** pousse en altitude et abrite en majorité des sapins, des pins, des mélèzes, des épicéas...

Dans la **forêt méditerranéenne** poussent des espèces adaptées à la sécheresse : chêne vert, chêne-liège, pin d'Alep, pin parasol... (*voir p. 62-63*).

Un paysage grignoté au fil des siècles

La France est le troisième pays forestier d'Europe après la Finlande et la Suède. La plupart de ses forêts sont semi-naturelles : depuis l'apparition de l'agriculture, elles ont en effet été modifiées par l'homme, qui les a transformées et en a abattu une grande partie au profit des cultures jusqu'au XIXe siècle. Grâce à de nouvelles plantations, les forêts occupent actuellement la même place qu'à la fin du Moyen Âge, c'est-à-dire presque un tiers du pays. En raison du climat, ce sont les forêts de chênes et de hêtres qui dominent les deux tiers de la surface forestière française.

Pinède sur le littoral, en Toscane.

Entre 1850 et 1980, 15 % des forêts du monde ont été défrichées. Contrairement aux zones tropicales, la forêt regagne du terrain en Europe. En France, sa surface a augmenté de 3 % depuis les années 1980. En Pologne, la forêt a grossi de plus de 30 % depuis 1945 et près de la moitié est protégée.*

Les scientifiques prévoient que le chêne et l'épicéa vont reculer en France en raison du réchauffement climatique, tandis que la forêt méditerranéenne va progresser. Pour les mêmes raisons, la chenille processionnaire du pin est de plus en plus présente dans le nord du pays.

Hêtraie régulière dans la forêt de Roncesvalles, en Espagne.

Des forêts trop disciplinées

Les forêts ne couvrent qu'un tiers du territoire de l'Union européenne du fait de l'activité humaine. Un peu plus de 50 % des forêts d'Europe sont constituées de feuillus et exploitées pour moitié en futaies. C'est la sylviculture, qui utilise le bois pour la fabrication de meubles et de maisons ou pour le chauffage.

En France, un cinquième des forêts sont artificielles, c'est-à-dire plantées par l'homme. Les autres ne sont pas naturelles pour autant, car elles sont pour la plupart "cultivées" par l'Office national des forêts ou par leurs propriétaires. Les vraies forêts naturelles n'existent plus que par fragments (Vosges, Fontainebleau, Pyrénées) et elles abritent plus de 10 000 plantes, champignons, animaux et micro-organismes*.

Le bois, source d'énergie renouvelable* et source de vie

La France compte parmi les plus gros potentiels forestiers d'Europe, mais le bois y est trop peu utilisé comme mode de chauffage. Le chauffage au bois ne pollue pas car la quantité de CO_2 émise durant la combustion correspond à la quantité de CO_2 que l'arbre a captée durant sa croissance. Le bilan est donc nul pour l'effet de serre (*voir p.15*). De plus, le bois est une source d'énergie renouvelable, contrairement au gaz ou au fioul. C'est aussi une source de vie, y compris lorsqu'il subsiste à l'état de souche dans les forêts (*dessin ci-contre*). Il abrite alors vers, limaces, taupes, cloportes, champignons...

Une forêt vierge en Europe

Protégé de l'exploitation du bois depuis plusieurs siècles, le parc national de Bialowieza, à la frontière de la Pologne et de la Biélorussie, abrite plus de 12 000 espèces, dont 62 mammifères. Parmi eux, des lynx, des loups et les derniers bisons d'Europe (*photo ci-contre*). Cette forêt naturelle abrite d'immenses arbres, dont certains dépassent 500 ans d'âge. C'est un reste de la forêt primitive* qui couvrait à l'origine cette partie de l'Europe.

Le WWF estime que seulement 6 % des forêts sont bien protégées en matière de biodiversité sur l'ensemble de l'Europe, et seulement 1 % en France métropolitaine. Une quarantaine d'espèces animales y sont menacées d'extinction : le lynx, certaines chauves-souris, des pics, des chouettes et de nombreux insectes.

Les landes sont menacées, d'une part, par la plantation de pins qui présentent l'avantage de pousser rapidement, et, d'autre part, par leur mise en culture pour les rentabiliser grâce à de grandes quantités d'engrais. Certaines régions sauvegardent leurs landes en créant des réserves naturelles.

L'arbre, une mécanique bien réglée

Ce sont les arbres qui déterminent l'aspect d'une forêt. Rien de commun, en effet, entre une sombre forêt de conifères et un vieux massif de feuillus, à l'épais tapis de feuilles mortes, aux couleurs changeantes et aux sous-bois foisonnant de vie.

Un écosystème complexe

La forêt est la formation naturelle la plus élaborée de notre planète. La vie s'y organise verticalement autour des végétaux, en zones successives appelées strates. À l'image des différents étages d'une maison, ces strates reçoivent plus ou moins de lumière. On a ainsi :
- le sous-sol, royaume des racines ;
- l'humus, où poussent principalement les champignons, les mousses, les lichens ;
- la strate herbacée, composée de plantes qui ne fabriquent pas de bois (fougères, fleurs...) ;
- la strate arbustive, occupée par les arbustes et les jeunes arbres ;
- la strate arborescente, représentée par le houppier (c'est-à-dire le sommet) des grands arbres.

L'écureuil roux fréquente toutes les forêts d'Europe, les parcs et certains jardins. Ce rongeur arboricole, qui saute de branche en branche, construit plusieurs nids à la cime des arbres, près du tronc, pour s'abriter ou se reproduire.

À la différence des forêts de résineux, le sous-bois des forêts de feuillus laisse passer la lumière, source de vie pour la végétation qui y pousse à des hauteurs variables.

Les myxomycètes ("champignons morveux") sont en réalité des amibes géantes constituées d'une cellule qui grossit en dévorant des bactéries sur son passage. Ce protozoaire*, que l'on trouve sur le bois pourri ou les feuilles mortes, peut atteindre quelques dizaines de centimètres.*

Un mètre carré de sol d'une forêt de hêtres peut contenir plus de 1 000 espèces d'invertébrés et l'on recense jusqu'à 3 milliards de micro-organismes par gramme de terre. Ces détritivores jouent un rôle crucial en décomposant la matière organique. En un an, 90 % des feuilles sont transformées en humus qui nourrira les plantes.*

Une usine à sève

Les arbres sont les champions de la photosynthèse : leurs racines vont puiser l'eau et les sels minéraux dans le sol et leurs branches étalent le feuillage à la lumière, afin qu'il transforme cette énergie en matière organique*. La "sève brute" (eau + éléments nutritifs du sol) monte des racines aux feuilles grâce à des vaisseaux situés dans la partie vivante du bois : l'aubier. La "sève élaborée" (qui contient des sucres fabriqués par la photosynthèse) redescend et distribue ces substances à toutes les parties de l'arbre en passant par des tubes situés sous l'écorce.

À l'exception de quelques espèces à feuilles persistantes (houx, chêne vert...), la plupart des feuillus ont un feuillage caduc : ils perdent leurs feuilles à l'automne. Leur chlorophylle*, de couleur verte, disparaît, laissant percer d'autres pigments (rouges, jaunes, marron...). Les feuilles tombent alors en prévision de l'hiver, pour éviter de geler. L'hiver, les arbres dépourvus de feuilles entrent en dormance, une sorte d'hibernation. Les conifères, qui gardent leurs aiguilles (à l'exception des mélèzes), vivent, eux, au ralenti.

Les mousses sont les végétaux chlorophylliens les plus simples : elles ont une tige, des feuilles, mais pas de racines.

Des êtres à part

Les champignons, ni végétaux ni animaux, ont leur propre règne. Il en existe des milliers d'espèces, mais aucune n'est capable d'effectuer la photosynthèse. Certaines sont invisibles, parasites, d'autres sont vénéneuses, d'autres encore succulentes... Ce que nous désignons comme champignon n'est que la fructification d'un être souterrain. Le reste de son "corps", appelé mycélium, consiste en un réseau de filaments blanchâtres qui se développe dans le sol.

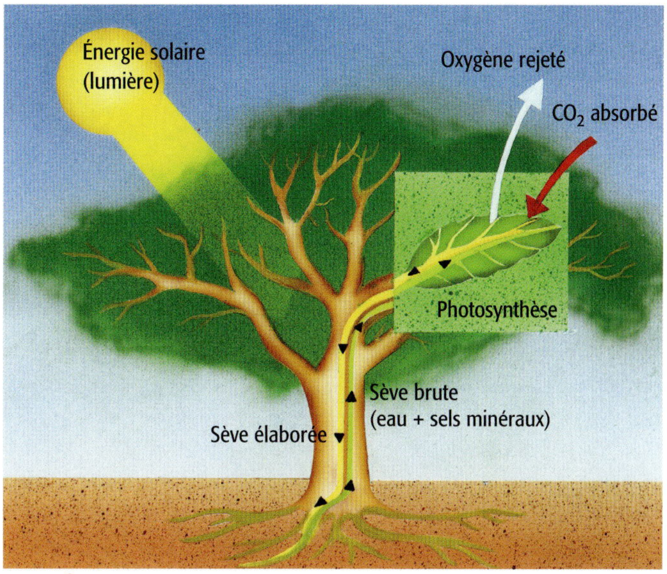

Schéma de la photosynthèse de l'arbre.

GARE AU BOIS EXOTIQUE !

Du salon de jardin aux fenêtres en passant par le parquet, les bois exotiques comme le teck ont envahi nos supermarchés et de nombreuses essences tropicales sont menacées. Mieux vaut donc privilégier des espèces locales, ce qui, en outre, limite le transport. Certaines essences comme le châtaignier, le mélèze ou le robinier faux-acacia se montrent aussi résistantes.

Le label FSC, qui signifie Forest Stewardship Council (Conseil de bonne gestion forestière), garantit que la forêt a été convenablement exploitée. Reconnu par les associations écologistes, il impose des règles strictes et concerne 10 000 produits (papier, meubles, charbon de bois...).

L'amanite tue-mouche (ci-dessous) est moins vénéneuse que l'amanite phalloïde, responsable de 95 % des intoxications mortelles.

À la suite de réintroductions et de plans de chasse, les effectifs de cerfs ont triplé en France entre 1985 et 2000, ces animaux occupant 39 % du territoire boisé. Les chevreuils et les sangliers sont également en augmentation dans toute l'Europe.

On recense une centaine d'espèces d'arbres sur le continent européen, soit beaucoup moins qu'en Amérique du Nord. Une dizaine de ces espèces occupent 90 % des forêts, parmi lesquelles le hêtre, le chêne, le frêne, l'érable sycomore, l'épicéa, le pin sylvestre, le mélèze...

Les mers d'Europe

Baignée par l'océan Atlantique, l'Europe occidentale est caressée par le Gulf Stream, un important courant d'eaux chaudes, et bénéficie d'un climat relativement doux. Du nord au sud, plusieurs mers communiquent avec ce vaste océan : la mer Baltique, la mer du Nord, la Manche, la Méditerranée, l'Adriatique...

Le littoral, un milieu riche et varié

Ligne de rencontre entre l'océan et le continent, la côte revêt de multiples visages (*voir carte ci-contre*), des falaises vertigineuses des îles Féroé, au nord de l'Europe, aux plages infinies de Belgique, sans oublier la dune du Pilat dans le bassin d'Arcachon et les lagunes de Méditerranée.

Sur environ 5 000 km, le littoral français métropolitain est composé pour moitié de plages (de sable ou de galets), pour plus d'un tiers de côtes rocheuses, le reste étant partagé entre marais, vasières* et rivages artificiels. La Bretagne arrive en tête des régions pour l'importance et la diversité de ses côtes, qui représentent à peu près le tiers des côtes françaises.

Ces conditions de vie variées font du littoral l'un des milieux les plus riches du monde marin, où la faune* et la flore* ont dû s'adapter à de nombreuses contraintes : alternance des marées, sel, vent...

Le nord-est de l'Atlantique se caractérise par la faible profondeur de ses fonds, des eaux parmi les plus poissonneuses du monde, et de nombreuses îles et côtes ventées et découpées, sans cesse animées par le mouvement des marées. Plus chaude, plus salée que l'océan Atlantique et presque fermée, la Méditerranée possède une flore et une faune moins abondantes.

Zones intermédiaires entre terre et mer, les embouchures des fleuves diffèrent selon la force des marées : sur les côtes de la Manche et de l'Atlantique, soumises à de fortes marées, ce sont des estuaires où la vase s'accumule en de gigantesques vasières. En Méditerranée, peu sensible aux marées en raison de sa petite taille, les fleuves dessinent un delta (*voir p. 60*) et se ramifient en de multiples bras. Il se forme aussi des lagunes, étendues d'eau saumâtre (mélange d'eau douce et salée) séparées de la mer par un cordon de sable ou de galets.

Des côtes menacées ?

Bien des facteurs risquent d'altérer l'aspect de nos côtes au cours du XXIe siècle : certains scientifiques prévoient une montée maximale du niveau des mers d'un mètre à la fin du siècle, en raison du réchauffement climatique ; le Gulf Stream, courant d'eaux chaudes partiellement à l'origine du climat tempéré de l'Europe de l'Ouest, pourrait disparaître ou être ralenti ; l'urbanisation, la pollution et la surpêche, enfin, exercent des pressions destructrices sur les littoraux et leurs écosystèmes (*voir p. 30-31, 32-33 et 36-37*).

Pour vivre en pleine mer, il y a deux solutions : se laisser porter par les courants ou s'en affranchir en nageant. La vie pélagique, c'est-à-dire au grand large, compte ainsi deux grandes catégories : le plancton, qui se laisser dériver, et le necton, qui sait nager.

Riches en matière organique, les marais côtiers attirent une quantité d'oiseaux, qui y nichent ou y font escale en migration (voir p. 42). La France accueille chaque hiver 2,5 millions d'oiseaux d'eau dans ses grandes zones humides protégées.*

La presqu'île de Crozon et la mer d'Iroise, en Bretagne.

Parce qu'ils permettent à de nombreuses algues de se fixer, les fonds rocheux abritent plus de poissons que les zones sableuses. Certains poissons, comme la rascasse, prennent l'aspect de rochers et d'autres, comme le lieu jaune, se camouflent dans les algues.

Depuis 1971, la convention de Ramsar répertorie les zones humides d'importance internationale. Sur 23 sites désignés et protégés en France, plus de la moitié concerne des marais littoraux : baie de Somme, baie du Mont-Saint-Michel, golfe du Morbihan, Grande Brière, marais salants de Guérande, Camargue...

Le secret des marées

Du crabe au bigorneau, du pêcheur au vacancier, aucun habitant du littoral n'échappe à la loi des marées. Dans la baie du Mont-Saint-Michel, théâtre des plus grandes marées d'Europe, le flot atteint jusqu'à 30 kilomètres/heure et les eaux montent de 16 mètres entre la basse mer et la pleine mer.

Un rythme immuable

Quatre fois par jour, toutes les six heures, la mer caresse notre littoral avec une ampleur variable selon le lieu, la période, la météo... Peu importantes en Méditerranée, les variations régulières du niveau de la mer sont significatives sur la façade atlantique, sur les rivages de la Manche et de la mer du Nord. Le délai entre deux marées hautes y est d'environ 12 heures et 25 minutes et l'heure de la marée se décale d'environ 50 minutes chaque jour.

Six heures pour survivre

L'alternance des marées dessine les contours de l'estran, cette bande côtière particulière délimitée par les plus hautes et les plus basses mers. Couvert puis découvert deux fois par jour, le petit peuple de l'estran a dû s'adapter à ces changements incessants. Plus tout à fait marin, mais pas tout à fait terrestre, il a recours à des astuces : le bigorneau verrouille son opercule, l'anémone se recroqueville, poissons, crevettes et crabes se réfugient dans des trous d'eau, sous les rochers... Gare aux pêcheurs à pied !

Ce gros crabe est un tourteau, également surnommé "dormeur" car il ne bouge guère quand on cherche à l'attraper. Carnivore, il utilise sa plus grosse pince pour casser les coquillages.

Le cycle des marées est provoqué par la force d'attraction de la Lune et, dans une moindre mesure, du Soleil. S'ils sont dans le même alignement, leurs forces s'additionnent et entraînent de grandes marées. S'ils forment un angle droit par rapport à la Terre, leurs forces s'annulent et les marées sont faibles.

Une entreprise écossaise a mis au point une centrale "houlomotrice", qui tire parti de l'énergie des vagues et des marées pour produire de l'électricité. Elle s'apparente à un immense serpent de mer flottant au large et soumis à la houle.

À chacun son étage

La flore* et la faune* de l'estran se répartissent sur trois zones, suivant leur aptitude à vivre alternativement dans et hors de l'eau :

- l'étage supralittoral : recouverte uniquement lors des grandes marées, cette zone abrite quelques lichens et invertébrés, comme les littorines, qui supportent bien le dessèchement ;
- l'étage médiolittoral : c'est la zone la plus habitée de l'estran, recouverte et dégagée chaque jour par la mer ;
- l'étage infralittoral : il n'est à sec que lors des basses mers exceptionnelles et les êtres vivants qui l'habitent passent 99 % de leur temps dans l'eau.

MOUETTE OU GOÉLAND ?

Il est facile de distinguer la mouette rieuse du goéland argenté, les deux espèces les plus courantes sur nos côtes. Plus petite que le goéland, la mouette a le bec et les pattes rouges. De mars à août, elle porte un capuchon noir, dont il ne subsiste qu'une virgule derrière l'œil le reste du temps. On reconnaît le goéland argenté à ses pattes roses et à la tache rouge qui orne la mandibule inférieure de son bec. Opportunistes, ces deux espèces se rencontrent aussi dans les terres, voire en ville.

Les "marées vertes" touchent les plages du nord de la Bretagne et sévissent aussi dans la mer Baltique, sur les côtes suédoises.

Qu'est-ce qu'une "marée verte" ?

Rejetés par les rivières et les fleuves, les nitrates provenant des engrais agricoles, riches en azote, entraînent à partir du printemps une prolifération rapide d'algues vertes sur certaines côtes. À marée basse, cette "laitue de mer" se dépose en quantité sur les plages et dégage en pourrissant des odeurs nauséabondes, qui font fuir les touristes. Ces algues absorbent l'oxygène de l'eau et masquent la lumière, appauvrissant la vie marine. Coûteux, le ramassage de tonnes d'algues sur les plages entraîne aussi des prélèvements de sable, dont il faut ensuite se débarrasser.

Des prairies sous-marines

Dotées de crampons pour se fixer aux rochers, les algues ne peuvent s'ancrer dans les fonds sableux. On trouve là, en revanche, quelques prairies sous-marines, formées de plantes à fleurs qui s'enracinent. Menacés, ces herbiers aquatiques sont composés de zostères dans la Manche et l'Atlantique, et de posidonies en Méditerranée (*voir p. 59*). Leurs longues feuilles en ruban sont le domaine favori des hippocampes (*ci-dessous*) et des "poissons aiguilles", les syngnathes.

La plie (ou carrelet) se confond avec la couleur du fond marin : cette faculté s'appelle l'"homochromie". À la naissance, ce poisson possède un œil sur chaque face mais, avec la croissance, l'un des deux yeux se déplace pour rejoindre l'autre œil sur une même face, afin que la plie puisse voir même ensablée.

Les échinodermes (d'echinos, "oursin", et derma, "peau") sont les seuls êtres vivants structurés en 5 parties symétriques, autour d'un axe. L'étoile de mer et l'oursin sont les plus connus. Couvert de piquants, ce dernier possède un squelette calcaire très léger, appelé test.

Les oiseaux sont les victimes les plus visibles des marées noires, en particulier quand le fioul est épais et visqueux. On estime que 150 000 volatiles sont morts des suites du naufrage de l'Erika, en 1999.

La mer poubelle ?

L'océan connaît bien des atteintes, parfois invisibles, d'origine terrestre. Parmi les autres types de pollution, les marées noires restent les plus tristement célèbres.

Les marées noires : l'arbre qui cache la forêt

Les deux tiers des pollutions marines sont générées par des activités terrestres : rejet d'eaux usées, de métaux lourds, de pesticides... Mais le tiers restant est à lui seul constitué par les rejets des navires. Les plus médiatisés sont provoqués par des accidents de pétroliers, qui transportent d'énormes quantités d'hydrocarbures*. *Torrey Canyon* en 1967, *Amoco Cadiz* en 1978, *Erika* en 1999, *Prestige* en 2002, *Volganeft* en 2007... Les marées noires se suivent et se ressemblent, offrant le désolant spectacle de côtes souillées et de milliers d'oiseaux englués. Le plancton et les mammifères marins sont eux aussi victimes de ces nappes gluantes, qui empoisonnent les algues, les mollusques et les crustacés. L'étendue des nappes rend impossible l'installation de barrages flottants* partout. On privilégie donc les zones sensibles telles que les estuaires et les marais salants – qui peuvent être touchés par l'intermédiaire des fleuves et des canaux –, les ports, les zones d'élevage des coquillages, etc.

Selon le type de pétrole, plus ou moins toxique et visqueux, il faut entre six et dix ans pour que les traces d'une marée noire s'effacent du littoral.

Depuis la marée noire de l'Erika, les préfectures maritimes françaises photographient par avion les pollutions repérées derrière les bateaux, qui sont alors déroutés et ne peuvent repartir que moyennant une caution. L'amende qui leur est ensuite imposée peut atteindre 800 000 euros.

Depuis un siècle, le CO_2 que nous rejetons dans l'atmosphère acidifie les océans. Le phénomène pourrait avoir pour conséquence la disparition de certaines espèces (mollusques, coraux...) et le déséquilibre de la chaîne alimentaire.

UNE MACHINE À LAVER LES OISEAUX !

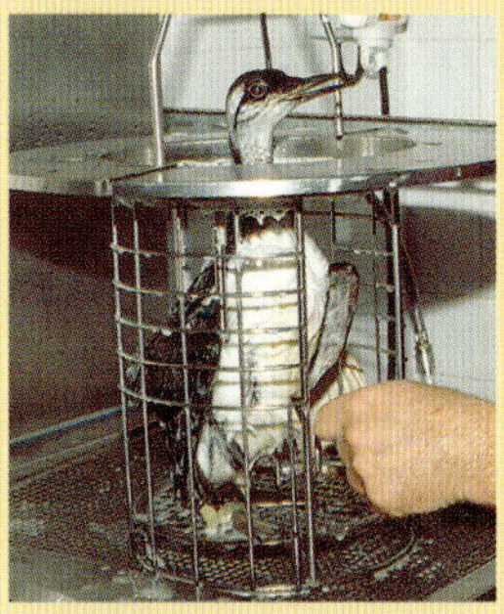

La station de la Ligue pour la protection des oiseaux de l'Île-Grande (Côtes-d'Armor) et le centre de sauvegarde d'Allouville-Bellefosse (Seine-Maritime) nettoient, grâce à de nombreux bénévoles, les centaines d'oiseaux marins régulièrement victimes des déballastages clandestins. Ils disposent de machines à démazouter, où l'oiseau est immobilisé, ailes étendues. Cette "lessive" est moins stressante pour lui qu'une intervention humaine. Des "unités mobiles de soins" ont par ailleurs été conçues dans des camions pour secourir les volatiles sur les lieux des marées noires.*

La laisse de mer est un écosystème à elle seule. Elle contient surtout du varech, ou goémon, mots qui désignent les algues d'une manière générale.

Dégazages et déballastages clandestins

Moins connues et moins spectaculaires, les pollutions volontaires sont pourtant plus sournoises et quotidiennes : il peut s'agir de dégazages (vidanges d'huiles de moteur ou de résidus de fioul de toutes sortes de bateaux) ou de déballastages (nettoyage illégal des cuves d'un pétrolier en pleine mer). Le Fonds mondial pour la nature (WWF) estime qu'en Méditerranée cette pollution équivaut à une moyenne d'un million de tonnes, soit 50 *Erika* ou 15 *Prestige* par année. Du Mont-Saint-Michel à l'Espagne, les déballastages représentent chaque année l'équivalent de 10 *Erika*.

La signature de l'océan

Appelés "laisses de mer", les algues mortes, "os" de seiche (leur coquille interne), capsules d'œuf, coquillages et débris divers abandonnés par l'océan forment un cordon quand la mer redescend. Ces débris organiques*, hélas pollués par des détritus (bouteilles, filets...), constituent une source de nourriture pour une foule d'invertébrés. Sur les plages, ils sont bien souvent évacués par des machines qui tamisent le sable, ce qui va à l'encontre de l'équilibre naturel du milieu. C'est pourquoi le Conservatoire du littoral, en France, incite les élus à les maintenir.

Six millions de tonnes d'hydrocarbures seraient déversées chaque année dans les mers, sachant qu'une tonne peut recouvrir 12 km².

UN "POLLUDROME" INGÉNIEUX

*Créé après la marée noire de l'*Amoco Cadiz*, le Centre de documentation, de recherche et d'expérimentations sur les pollutions accidentelles des eaux (Cedre), basé à Brest, dispose d'une plage artificielle pour entraîner des stagiaires au nettoyage des polluants, ainsi que d'un "polludrome", qui simule le vieillissement des hydrocarbures dans l'eau en recréant les conditions naturelles de houle et de vent. Mieux vaut récupérer les polluants sur l'eau plutôt que dans le sable : les 20 000 tonnes qui se sont échappées de l'*Erika *ont ainsi entraîné le ramassage de 260 000 tonnes de déchets sur les côtes.*

On estime que 520 millions de sacs en plastique jonchent les côtes françaises et qu'ils seraient 20 milliards à flotter dans l'océan. Même quand elles sont dégradées, les minuscules particules de plastique continuent à polluer la mer et le littoral.

Les poissons et les mollusques sont victimes des molécules issues de nos médicaments et autres produits chimiques, qui se retrouvent dans la mer. Certains changent de sexe ou deviennent impropres à la consommation, leur chair étant fortement polluée par ce qu'ils ont absorbé.*

Des collines de sable

Tous faits de sable, les paysages éphémères des dunes présentent néanmoins des aspects différents selon leur proximité avec la mer.

Près de 3 km de longueur et 500 m de largeur : à l'entrée du bassin d'Arcachon, en France, la dune du Pilat frôle les 100 m d'altitude, ce qui en fait la plus haute d'Europe. En Lituanie, au nord de l'Europe, l'impressionnant cordon littoral de Courlande forme une péninsule étroite de sable longue de 98 km, qui sépare une lagune de la mer Baltique.

Ces deux sites sont idéaux pour observer l'évolution de la dune, un paysage mouvant créé et modelé par le vent. Du haut de la plage à la forêt, elle offre en effet une succession d'aspects, que les spécialistes distinguent grâce aux plantes qui y poussent. On trouve en haut de la plage une maigre végétation capable de supporter le sel (euphorbe des dunes*, pourpier de mer*...). Hors d'atteinte des marées, la dune mobile (également appelée dune vive ou dune blanche) reçoit continuellement du sable. Elle est dominée par l'oyat ❶, une graminée* dont les longues racines sont adaptées à la mobilité du sable car elles poussent autant vers le bas que vers le haut. Pour limiter les pertes d'eau, ses feuilles sont enroulées.

À l'arrière de la dune mobile, les apports de sable diminuent et le sol se stabilise, ce qui facilite l'installation d'espèces plus nombreuses : panicaut champêtre ❷, queue de lièvre ❸ (une herbe à pompon), immortelle des dunes... C'est la dune fixe, ou dune grise, appelée ainsi à cause de la couleur du sable, plus sombre en raison de l'humus qu'il contient.

Enfin, l'arrière-dune, ou dune boisée ❹, accueille des arbres et des arbustes plus ou moins rabougris selon la force du vent.

Peu d'animaux sont visibles sur les dunes, pourtant habitées par des lapins ❺, des crapauds ❻, des criquets ❼, des coléoptères* ❽... Ces derniers se cachent dans un terrier pendant la journée, pour échapper au sable brûlant. C'est aussi pour cette raison que les escargots des dunes ❾ se réfugient en haut des tiges.

Dunes fossiles et oyats dans le parc national de Doñana, en Espagne.

❶ ❷ ❸

Des milliards d'invertébrés mesurant souvent moins d'un millimètre grouillent dans le sable, qu'ils broutent en quelque sorte. Parmi les plus surprenants, les tardigrades, aux allures d'ours microscopiques, sont capables de vivre au ralenti dans des conditions extrêmes.

Appelés turricules, les tortillons que l'on observe sur le sable mouillé à marée basse sont des rejets de vase effectués par les vers arénicoles, qui vivent sous la surface. Le trou visible à côté correspond à l'autre extrémité de sa galerie, en forme de U.

ATTENTION PLANTATIONS !

En traversant des dunes, on peut remarquer la présence de palissades. Appelées ganivelles, elles protègent les plantations d'oyats, qui résistent mal au passage des promeneurs et encore bien moins à celui des engins à moteur… Or, si le sable est de nouveau à nu, la dune redevient mobile et plus sensible à l'érosion. Il faut alors la replanter.*

4

5

6

7

8

9

Les algues échouées sur la plage jouent un rôle important dans la formation des dunes car elle fournissent un engrais naturel aux plantes qui germeront dans le sable, à l'abri des marées. Elles hébergent en outre des mouches spécifiques qui y pondent leurs œufs.

Contrairement au phoque gris, qui fréquente les rochers, le phoque veau marin aime se prélasser sur le sable. La baie de Somme abrite la plus importante colonie de veaux marins de France – une centaine –, qui profitent de la marée descendante pour se reposer sur les bancs de sable.

Le littoral menacé

Aucun milieu n'est plus convoité que le littoral : sa population ne cesse d'augmenter, les constructions s'y multiplient, les bateaux s'y amarrent toujours plus nombreux et les touristes affluent à la belle saison. Autant de pressions qui pèsent sur les espaces naturels.

Une urbanisation galopante

Selon l'Agence européenne de l'environnement, les politiques de protection du littoral ne parviennent pas à freiner l'urbanisation des côtes, qui gagne sans cesse de nouvelles zones (sud de la mer Baltique, mer Noire...). En une quinzaine d'années, les surfaces artificielles ont ainsi augmenté de 34 % au Portugal, de 27 % en Irlande, de 18 % en Espagne, de 6 % en France et en Italie.

En grignotant les zones intermédiaires entre terre et mer, qui assurent une protection contre l'érosion*, absorbent les pollutions et régulent les inondations, cette urbanisation rend les côtes plus sensibles aux changements climatiques et à l'élévation du niveau des mers, qui pourrait atteindre 30 à 80 cm d'ici à 2100. Mais la réglementation est entre les mains des États et des élus locaux, qui privilégient souvent les intérêts économiques sur ceux de la nature. En France, par exemple, la "loi littoral" ne protège qu'une bande de 100 m et elle n'est pas toujours bien respectée.

BLEU COMME LA MER

Chaque année, la Fondation pour l'éducation à l'environnement en Europe distingue les communes et les ports de plaisance français pour la bonne gestion de leur environnement par un label international – le Pavillon bleu d'Europe –, à ne pas confondre avec la campagne sur la qualité des eaux de baignade. Les communes et les ports récompensés peuvent faire flotter le drapeau emblématique de cette opération.

Une cité méditerranéenne bétonnée au sud de Valence, en Espagne.

Créé en 1975, le Conservatoire du littoral est un établissement public qui a soustrait 860 km de rivages au béton, soit 10 % des côtes françaises. L'objectif : préserver un tiers du littoral d'ici à 2050. Surveillés par 450 gardes, les 400 sites ne peuvent pas faire l'objet d'une transaction immobilière et sont aménagés pour la promenade.

Sous l'effet conjugué des courants, de la poldérisation (terres gagnées sur la mer pour l'agriculture) et de la digue-route, la baie du Mont-Saint-Michel s'est progressivement envasée. Lancés en 2006, des travaux pharaoniques prévus pour durer jusqu'en 2012 vont rendre à ce lieu célèbre son statut d'île.

Dans le Languedoc-Roussillon, entre Sète et Marseillan, des travaux titanesques vont permettre de recréer un cordon de dunes végétalisées le long de la plage en pente douce. Si rien n'était fait, ce fin ruban de sable disparaîtrait d'ici à 2020.

Danger : érosion !

En Europe, 20 % des côtes sont menacées par l'érosion. En France, plus d'un quart des côtes sont concernées, en particulier les plages sableuses, plus fragiles que les rivages rocheux. Comme partout, cette régression résulte des aménagements, de la surfréquentation, du réchauffement climatique, qui augmente le niveau de la mer d'environ 1 cm par an (*voir DVD, chap. 1, 9 et 11*), et du déficit en sable. Quand la côte française s'est urbanisée, entre 1950 et 1980, les apports en sable des fleuves étaient encore conséquents. Depuis, les digues construites sur le Rhône, le comblement du delta et la multiplication des carrières ont fait diminuer le volume de matériaux charriés par le fleuve de 400 millions de mètres cubes par an au XIXe siècle à 4 millions actuellement.

Un programme européen tente de restaurer l'équilibre du littoral. Ainsi, pour la première fois, une route côtière de 12 km va être déplacée de 100 m en arrière, ainsi que les campings et les bâtiments, pour préserver le cordon dunaire entre Sète et Marseillan, dans l'Hérault.

La fonte de la banquise d'été, en augmentant le niveau des eaux de mer, devrait modifier à terme l'aspect de tous les littoraux de la planète.

QU'EST-CE QUE LA BIOACCUMULATION ?

Les pesticides et les métaux que nous rejetons dans la mer via les fleuves sont fixés par le plancton végétal ; au fil de la chaîne alimentaire, ils terminent leur course en plus grande concentration dans le corps des prédateurs, qui en meurent. Certains poissons de la mer du Nord contiennent ainsi des doses importantes de mercure. En 1932, Minamata, un village de pêcheurs japonais, a été pollué de cette façon par les rejets d'une usine chimique. Plus de 1 000 personnes en sont mortes mais l'État japonais n'a été condamné qu'en 2001.

Situé sur le delta du Guadalquivir, en Espagne, le parc national de Doñana est constitué pour moitié de marais saumâtres. Oies, canards, flamants roses… des millions de migrateurs y transitent et 150 000 oiseaux d'eau y séjournent l'hiver. Il abrite aussi quelques couples d'aigles ibériques, rapaces parmi les plus menacés d'Europe.

On compte 70 millions d'Européens, soit 16 % de la population de l'Union européenne, habitant des communes côtières. L'érosion concerne 20 000 km de côtes de l'Union européenne. Sont concernées par l'érosion : 55 % des côtes en Pologne, 38 % à Chypre, 53 % en Lettonie et 29 % en Grèce.

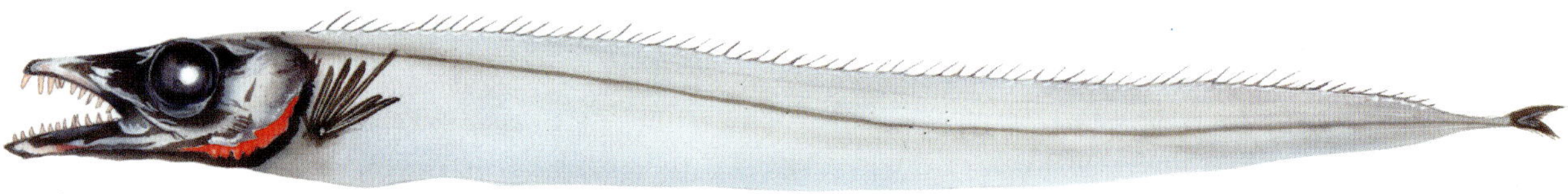

Sabre noir

Océans : halte au pillage !

On a longtemps considéré l'océan comme un réservoir inépuisable, où l'on pouvait pêcher toujours plus profondément, à l'aide de filets toujours plus performants. Aujourd'hui, certaines espèces de poissons sont surexploitées et plusieurs, jadis communes dans nos assiettes, pourraient bien disparaître.

Une réglementation insuffisante

Chaque pays contrôle une zone maritime qui s'étend sur 22 km environ au large de ses côtes. Ces eaux territoriales se prolongent jusqu'à 300 km par une "zone économique exclusive". Au-delà, ce sont les eaux internationales, où tous les États peuvent pêcher. Difficile, donc, d'y instaurer une réglementation.

L'Union européenne impose chaque année des quotas de pêche et des tailles minimales selon les espèces de poissons pour que l'on puisse les exploiter sans les mettre en danger. Mais ces restrictions ne sont, hélas, pas toujours respectées... C'est pourquoi des associations réclament la mise en place de sanctuaires où la pêche serait limitée, voire interdite.

Empereur

Grenadier

Les navires-usines, de gros chalutiers, restent plusieurs semaines en mer. Les poissons y sont nettoyés et conditionnés directement dans les cales.

La mer, bientôt un désert ?

Alors qu'à la fin du XIXe siècle, les captures en mer plafonnaient à 5 millions de tonnes par an, elles atteignent aujourd'hui 90 millions de tonnes. L'Union européenne en prélève à elle seule plus de 6 millions chaque année (les trois quarts étant pêchés dans l'Atlantique nord), ce qui la place au troisième rang derrière la Chine et le Chili.

Des navires-usines détectent les bancs* grâce à des technologies de pointe. Or, 87 % des animaux marins comestibles se concentrent dans les eaux superficielles et les zones côtières, soit dans seulement 2 % du volume total des océans. Les espèces de surface s'étant raréfiées, on laboure désormais le fond des océans grâce à d'énormes filets lestés, qui menacent des poissons des grandes profondeurs (grenadiers, sabres, empereurs...). Quelques pays ont néanmoins interdit ce chalutage de fond très destructeur.

Le plancton végétal (phytoplancton) et le plancton animal (zooplancton) constituent le premier maillon de la chaîne alimentaire maritime et représentent 90 % des organismes vivant dans les océans. La plupart sont microscopiques, mais l'on y compte aussi des larves de crustacés, de poissons, ainsi que les méduses.

On distingue les poissons osseux des poissons cartilagineux (requins, raies...). Dépourvus de vessie natatoire, ces derniers doivent nager constamment pour ne pas couler. À ne pas confondre avec les mammifères marins, qui regroupent les pinnipèdes* (phoques), les cétacés à fanons (baleines) et les cétacés à dents (dauphins, cachalots...).*

1 Le **filet maillant** forme une barrière souple dans laquelle sont piégés les poissons. Il peut atteindre 2 500 m de long.

2 Le **chalut** est traîné en pleine eau, parfois jusqu'à 1 000 m de fond, et ramène des tonnes de poissons.

3 La **senne tournante** encercle les bancs de poissons. Elle peut mesurer jusqu'à 1 500 m de circonférence.

4 La **palangre** est une immense ligne, de quelques dizaines de mètres à plusieurs kilomètres, sur laquelle sont fixés jusqu'à des milliers d'hameçons.

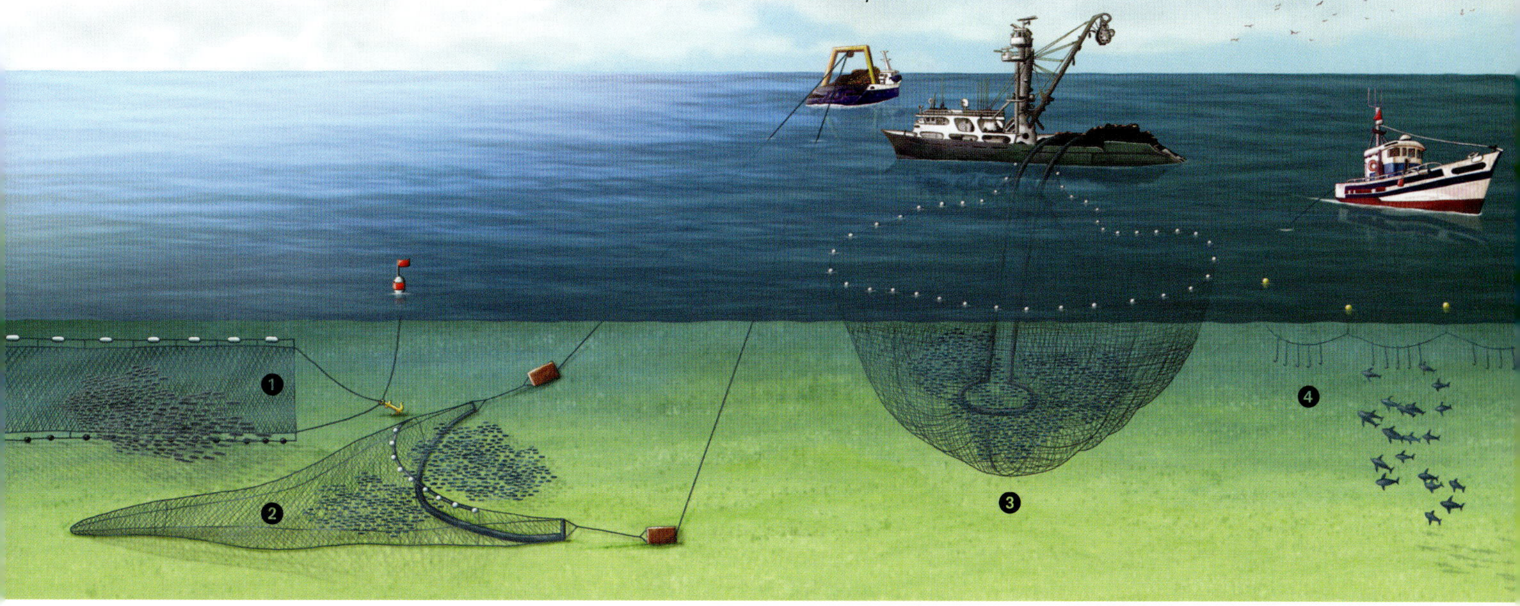

La surface d'ouverture d'un chalut tiré par deux navires peut être équivalente à celle d'un terrain de foot. Le chalutage pratiqué au fond de la mer compte parmi les plus destructeurs.

Une pêche intensive et non sélective

Un quart des espèces commerciales sont surexploitées et la plupart menacées, en particulier la morue et le thon rouge, les poissons les plus pêchés dans le monde. Les stocks de cabillaud en mer du Nord et en mer Baltique sont en passe de s'effondrer comme ce fut le cas au large du Canada dans les années 1980. L'Europe a donc imposé une diminution des prises en 2008.

On estime qu'environ 8 % des prises sont rejetées à la mer, parce que trop petites ou sans intérêt. En dépit des dispositifs destinés à éloigner ou à relâcher les dauphins et les baleines qui se retrouvent prisonniers de leurs mailles, les filets en tuent des milliers. La pêche à la palangre quant à elle – technique qui utilise une longue ligne sur laquelle sont fixés des milliers d'hameçons – détruit quantité d'oiseaux qui, essayant de saisir les hameçons, se noient, entraînés sous l'eau par le poids des lignes.

Le thon dans le rouge

Le "steak de la mer" pourrait n'être bientôt qu'un lointain souvenir. Plusieurs grandes surfaces européennes ont d'ailleurs cessé de commercialiser le thon rouge. La France, l'Italie et l'Espagne effectuent 50 % des prises mondiales, évaluées par l'Union européenne à 50 000 tonnes par an depuis 1995, soit deux fois l'estimation du niveau de reproduction de l'espèce. Les prises réelles étant difficiles à contrôler, ce chiffre dépasse largement le quota actuel (29 500 tonnes par an), lui-même supérieur à celui souhaité par les écologistes. L'essentiel du thon rouge pêché en Méditerranée est destiné à l'engraissement dans des cages puis à l'exportation vers le marché japonais. Les anchois dont il se nourrit ne se portent guère mieux et leur pêche est régulièrement interdite.

MANGER MALIN

Évite de consommer ces espèces menacées : bar (sauf bar de ligne), cabillaud (morue), crevette rose, églefin, empereur, grenadier, flétan de l'Atlantique, lotte (baudroie), saumon (d'Atlantique ou d'élevage), merlu européen, plie (carrelet), raie, sabre, siki (saumonette), sole, thon rouge, thon germon.

Appelé aquaculture, l'élevage de poissons n'est pas la solution idéale pour lutter contre la surpêche. Pour nourrir 1 kg de saumon, il faut pêcher 4 fois plus de poissons, transformés en farine. Cette activité pollue en outre les côtes.

Le label MSC (Marine Stewarship Council), reconnaissable à son logo bleu, certifie les produits (surgelés notamment) issus de pêcheries dont la gestion et les pratiques sont écologiquement responsables. Il concerne 7 % de la pêche mondiale et quelque 500 produits en Europe.

Les zones humides continentales

On reconnaît aujourd'hui l'intérêt écologique des milieux humides, qui favorisent la biodiversité et régulent les inondations. Une journée mondiale leur est dédiée chaque année, le 2 février, date anniversaire de la convention de Ramsar sur les zones humides d'importance internationale.

Qu'est-ce qu'une zone humide ?

Comme son nom l'indique, une zone humide a l'eau pour principal élément. Bien que l'on distingue les zones humides littorales des zones humides continentales, toutes se caractérisent par leur grande diversité : étangs, marais, tourbières, vallées alluviales*... Façonnées par l'alternance des basses et des hautes eaux, elles regroupent les grèves (bords de mer ou d'un cours d'eau), les berges, les prairies inondables et les forêts bordant les fleuves. Les régions d'étangs (Sologne, Brenne, Dombes...), les lacs et leurs rives abritent une végétation très variée, notamment des roselières (domaine des roseaux), où la vie animale est foisonnante.

La grenouille n'est pas la femelle du crapaud. Il existe des grenouilles et des crapauds mâles et femelles. Contrairement aux crapauds, qui ne reviennent à l'eau que pour se reproduire, la grenouille verte est strictement aquatique.

Plus de la moitié des zones humides françaises ont disparu depuis 1960. Un plan d'action national a donc été adopté pour sauvegarder ce patrimoine naturel d'une grande utilité, dont dépendent plus de 50 % des espèces d'oiseaux et 30 % des espèces végétales menacées.

Des milieux d'une grande valeur

Longtemps sous-estimées parce qu'elles véhiculaient des maladies, les zones humides ont été pour la plupart modifiées par l'homme, qui a asséché les marais pour l'agriculture ou transformé les rivières afin de construire le long des rives. Leur destruction s'est accélérée à la fin du XXe siècle, ce qui a contribué à déséquilibrer le cycle de l'eau (*voir p. 52*). Elles retiennent en effet les excès d'eau et la purifient.

Des zones entières sont aujourd'hui réhabilitées et protégées, attirant de nouveau une foule d'espèces. Certains lacs artificiels ou d'anciennes carrières mises en eau se révèlent d'un grand intérêt pour les oiseaux aquatiques. Mais ces efforts restent insuffisants.

Au bonheur des palmipèdes*

Quelle que soit la saison, les plans d'eau figurent parmi les milieux les plus riches en oiseaux, en particulier quand la végétation des berges y est abondante. Dès l'automne, ils accueillent de nombreux migrateurs (*voir p. 42-43*) : canard souchet, canard pilet, sarcelle d'hiver, fuligules milouin et morillon... Lorsqu'ils sont vidangés pour la pêche, les étangs découvrent des vasières* où de petits échassiers (bécassines, chevaliers, bécasseaux, vanneaux...) viennent se nourrir.

Au printemps, les rives et les roselières cachent des nids de passereaux, de canards et de hérons. C'est le moment d'observer la spectaculaire parade du grèbe huppé, qui portera plus tard ses poussins sur le dos.

DU PLOMB DANS LA CERVELLE !

En interdisant en 2006 l'utilisation du plomb au cours de la chasse dans les zones humides, la France a enfin rejoint les pays (Allemagne, Canada, Danemark, Espagne, Pays-Bas, Royaume-Uni, États-Unis...) qui l'ont remplacé par des munitions non toxiques (acier, bismuth) depuis les années 1990. En retombant au sol ou dans l'eau, les milliers de billes de plomb contaminaient l'environnement. Cette pollution, appelée saturnisme, intoxiquait également de multiples oiseaux aquatiques lorsqu'ils en avalaient, ainsi que toute la chaîne alimentaire.

UNE RECONNAISSANCE INTERNATIONALE

*Avec 23 sites désignés par la convention de Ramsar sur les zones humides d'importance internationale, la France se situe au cinquième rang de l'Union européenne derrière le Danemark, le Royaume-Uni, l'Allemagne et les Pays-Bas. Parmi les grandes zones humides non côtières distinguées, on compte les étangs de la Brenne, les lacs de Champagne humide, le lac de Grand-Lieu, le lac du Bourget, la lagune de Venise, la réserve naturelle du Zwin en Belgique (*voir p. 22*)...*

À ne pas confondre avec la poule d'eau (en bas), la foulque macroule (en haut) est l'un des oiseaux les plus communs des plans d'eau : toute noire, elle est reconnaissable à son masque blanc.

On peut s'amuser à distinguer les canards de surface, comme les colverts qui se contentent de barboter le derrière en l'air, des canards plongeurs, tels les grèbes, capables de rester immergés plusieurs minutes. Ces derniers doivent courir sur l'eau avant de pouvoir décoller.

** Le Marais poitevin a perdu son label de parc naturel régional en 1997 pour avoir transformé trop de prairies humides* en cultures. Or, ces milieux, lorsqu'ils restent à l'état naturel, jouent un rôle crucial pour l'épuration des eaux, la régulation des crues...*

Le peuple migrateur

Fin août : retour de vacances pour certains, départ en migration pour d'autres... Les hirondelles plient bagage, direction l'Afrique. Comme des milliards de voyageurs ailés, elles s'apprêtent à accomplir pour la seconde fois de l'année un incroyable périple : la migration.

Sédentaire ou migrateur ?

C'est le manque de nourriture qui pousse les trois quarts des oiseaux à voler vers des contrées au climat plus clément. Ainsi, sur les 500 espèces d'oiseaux qui vivent en Europe, on n'en recense qu'une trentaine de sédentaires, c'est-à-dire installées au même endroit toute l'année.

Qui dit oiseau migrateur pense spontanément à l'hirondelle ou à la cigogne, ces oiseaux qui viennent nicher chez nous l'été avant de regagner l'Afrique à l'automne. On connaît moins les visiteurs d'hiver, qui se reproduisent dans le Grand Nord, en Sibérie ou en Scandinavie, et trouvent refuge dans l'ouest et le sud de l'Europe, de la fin de l'été au printemps. Il s'agit pour la plupart d'oies, de canards, de cygnes, de limicoles (chevaliers, bécasseaux...), de quelques passereaux (grives, pinsons, bruants...) et de rapaces.

LES MIGRATEURS DANS LE COLLIMATEUR

En février 2006, un foyer de grippe aviaire localisé dans la Dombes, dans l'est de la France, a fait une trentaine de victimes parmi des oiseaux sauvages en provenance d'Europe de l'Est. On a alors craint que le retour des oiseaux hivernant en Afrique ne propage le virus H5N1, dont le foyer se trouve principalement en Asie du Sud-Est. Ils sont finalement remontés vers le nord sans faire davantage de victimes. La véritable voie de contamination est en réalité le commerce et le transport de volailles.*

Les canards pilets nichent dans le nord de l'Europe. L'hiver, ils se dispersent entre l'Europe de l'Ouest et l'Afrique grâce à des migrations nocturnes. L'un d'eux a été "surpris" à plus de 100 km/h !

Le réchauffement climatique a des conséquences sur certains oiseaux migrateurs. Le gobe-mouches, par exemple, a vu sa population diminuer de 90 % en 20 ans, car l'apparition des chenilles dont il nourrit ses oisillons a avancé de 16 jours et sa date de ponte de 10 jours seulement...

Dotée d'une importante façade maritime, la France occupe une position privilégiée sur les voies migratoires. En hiver, elle accueille le plus grand nombre d'oiseaux d'eau (2,5 millions), se plaçant juste derrière les Pays-Bas et le Royaume-Uni. Ce chiffre pourrait doubler si les zones humides étaient mieux respectées.

Chassé-croisé

De novembre à février, on peut observer de grands rassemblements dans les espaces protégés du littoral. Les vastes étendues d'eau douce, les régions d'étangs et la vallée du Rhin constituent aussi des zones attractives.

Entre les mois de février et d'avril, les oiseaux font le mouvement inverse vers leurs zones de reproduction nordiques. Les prairies inondables se transforment alors en immenses espaces marécageux où les hivernants en escale croisent parfois les estivants venus nicher.

Pour faire des économies d'énergie face au vent durant leur migration, les grues cendrées, comme les oies, pratiquent le vol en V, l'oiseau en tête étant régulièrement relayé.

Un parcours semé d'embûches

Outre les risques naturels (intempéries, traversée du Sahara, prédateurs...), les oiseaux migrateurs sont confrontés à des périls d'origine humaine : la raréfaction des zones humides, les lignes à moyenne tension meurtrières, et plus particulièrement la chasse et le braconnage*. De cruels obstacles dont un oiseau sur deux ne réchappera pas.

En vol, les rapaces ou les grands échassiers heurtent régulièrement des lignes électriques à moyenne tension. Ces spirales sont destinées à les rendre plus visibles.*

QUELQUES RECORDS

- *Le plus aérien : le jeune martinet noir vit plus d'un an sans toucher terre avant de revenir nicher en Europe, dormant, mangeant et s'accouplant même en vol.*
- *La plus grande vitesse en migration : celle de la grue cendrée ou du martinet noir (110 km/h par vent arrière).*
- *Le plus long voyage : celui de la sterne arctique, qui effectue deux fois par an 18 000 km d'un pôle à l'autre.*
- *La plus haute altitude : une sarcelle (un petit canard) a été heurtée par un avion à 10 500 m d'altitude.*
- *Le plus endurant : un échassier, le combattant varié, a effectué 4 000 km en quatre jours, du Sénégal à l'Italie.*

Les mystères de la migration

Vol plané, vol battu, de jour, de nuit, seul ou en groupe, au long cours ou en moyen-courrier... les manières de voyager varient selon les espèces. Le trajet, effectué grâce à d'importantes réserves de graisse, est souvent inné, et les oiseaux se repèrent à l'aide des astres (Soleil, étoiles...), du magnétisme de la Terre et de leur mémoire visuelle (repérage des rivages, des montagnes, des fleuves...).

Pour connaître les déplacements des oiseaux migrateurs, on leur pose une bague numérotée à la patte, comme à cette avocette élégante. Le bagueur note quant à lui la "carte d'identité" de l'oiseau bagué, au cas où on le retrouverait un jour.

Les principaux lieux de passage des migrateurs en Europe : détroits du Bosphore, de Gibraltar et de Messine, Chypre, Falsterbo (Suède), cols de l'Escrinet (Ardèche), d'Organbidexka (Pyrénées-Atlantiques), de Baracuchet (Loire), pointe de Grave (Gironde), Leucate (Aude), montagne de la Serre (Puy-de-Dôme), Gruissan (Aude), cap Gris-Nez (Pas-de-Calais).

Élégant rapace migrateur, le busard cendré revient d'Afrique en avril et installe son nid dans de hautes céréales, les prairies s'étant raréfiées. Des bénévoles interviennent depuis plus de 20 ans auprès des agriculteurs pour éviter aux nichées de finir broyées par les moissonneuses-batteuses.

La vie turbulente des eaux dormantes

Contrairement à la flaque, la mare ne s'assèche jamais complètement. Bien que sa profondeur ne dépasse guère un mètre, cette étendue d'eau stagnante peut grouiller de vie si toutes les conditions sont réunies : ensoleillement, végétation riche, eau non polluée...

Des mares devenues trop rares

Les mares représentent une infime partie des zones humides, beaucoup d'entre elles ayant été comblées ou polluées avec la modernisation de l'agriculture. Elles constituent pourtant des sites privilégiés de reproduction pour les batraciens (également appelés amphibiens).

Contrairement aux eaux courantes, les eaux qui stagnent – dites "eaux dormantes" – abritent une grande quantité d'invertébrés, de la surface jusqu'aux profondeurs. Dans un enchevêtrement* végétal, ils ont développé d'étonnantes adaptations à la vie aquatique. Certains marchent sur l'eau, d'autres nagent à l'envers ou se déguisent en brindille.

Il est facile de les observer en raclant la vase du fond à l'aide d'une solide épuisette (aux mailles de 0,5 cm de largeur maximum) et en observant son contenu dans des bocaux remplis d'eau. À condition toutefois de relâcher les animaux capturés.

Ci-dessus, un arbre se reflète dans une mare forestière. Sombre et rendue acide par les feuilles qui y sont tombées, elle est généralement moins riche en vie qu'une mare ensoleillée.

Pour créer une mare de 1,50 m sur 50 cm, profonde de 80 cm, il faut creuser par paliers dans un lieu ensoleillé, avec un bord en pente douce. On verse au fond une couche de sable fin, sur laquelle on dispose une bâche imperméable de 1 mm, que l'on recouvre de sable et de gravier avant la mise en eau. Les animaux y viennent spontanément.

Les gyrins, petits coléoptères de 6 mm, décrivent des arabesques extravagantes à la surface de l'eau. Leurs yeux très mobiles sont divisés en deux parties : l'une tournée vers le haut, pour voir dans l'air, et l'autre pour voir sous l'eau.*

Terrestres et aquatiques

Au printemps, les amphibiens (du grec *amphibios*, “qui vit dans deux éléments”) se hâtent vers les mares pour s’accoupler et pondre leurs œufs, que les mâles fécondent* dans l’eau. Dotés de poumons, les adultes – actifs surtout la nuit – ont une vie essentiellement terrestre, tandis que leurs larves respirent avec des branchies et grandissent dans l’eau. Sur des milliers d’œufs, seuls quelques-uns parviendront à l’âge adulte. Chez les amphibiens, on distingue les tritons et les salamandres d’une part (à ne pas confondre avec les lézards, qui sont des reptiles), les grenouilles et les crapauds d’autre part.

Cette grenouille verte, qui émerge d’un tapis de lentilles d’eau, est un croisement entre deux espèces qui se ressemblent beaucoup.

Pas de chant pour séduire la femelle chez le triton, mais une crête spectaculaire, des couleurs vives, des parfums et une danse nuptiale.

UNE DÉFENSE ACROBATIQUE

Il suffit qu’un prédateur l’importune pour que le sonneur à ventre jaune en soit tout retourné. Inquiété, ce crapaud de 5 cm s’aplatit d’abord au sol et exhibe l’intérieur coloré de ses pattes avant. Si le danger persiste, il se retourne comme une crêpe pour montrer sa coloration jaune et noire, signe de toxicité. Très menacé en France, il se plaît dans les ornières et les fontaines.

Deux vies en une

La larve de libellule vit longtemps dans l’eau (de 1 à 3 ans), où elle grandit par mues successives. Puis elle en sort pour donner naissance à l’adulte volant, appelé imago. Elle fend alors son enveloppe et abandonne son ancienne peau pour faire sécher ses ailes. Au printemps, on peut d’ailleurs s’amuser à chercher ces mues sur les plantes aquatiques. La libellule ne vit que quelques mois sous sa forme adulte.

L’imago, ou libellule adulte, fend son enveloppe et abandonne son ancienne peau pour faire sécher ses ailes.

Les larves de phrygane échappent aux prédateurs en se fabriquant une sorte de carapace de débris végétaux ou de petits cailloux. Mais c’est l’argyronète qui remporte la palme de la bizarrerie : cette araignée tisse sa toile sous l’eau, autour d’une plante, et la remplit de bulles d’air pour ne plus avoir à remonter à la surface.

Carnassier vorace, le dytique se propulse rapidement sous l’eau et remonte à la surface régulièrement pour faire ses provisions d’oxygène en coinçant une bulle d’air entre ses élytres (les “étuis” de ses ailes) et son abdomen.

Les envahisseurs

Depuis que les Européens parcourent le monde, ils rapportent dans leurs bagages des espèces exotiques. Certaines graines voyagent même toutes seules sous nos semelles et finissent par germer loin de leur lieu d'origine. Lorsqu'elles se propagent trop, cela ne va pas sans poser quelques problèmes...

Une forme de pollution

Aux XIXe et XXe siècles, de nombreuses plantes exotiques ont été volontairement introduites pour décorer les parcs et les jardins. Certaines se sont si bien acclimatées qu'elles ont prospéré dans la nature, entrant en compétition avec les espèces locales et modifiant les paysages. C'est aussi le cas d'animaux comme le poisson-chat, lâché dans nos rivières pour la pêche. Ce phénomène, qui s'est accéléré avec le développement des échanges internationaux et compte dans certains pays parmi les principales causes de disparition de la biodiversité, est encore plus problématique quand il touche des îles. Des associations se mobilisent désormais pour limiter l'impact de certaines espèces envahissantes, en les détruisant, afin de faciliter le retour des espèces d'origine.

Petites tortues devenues grandes

Depuis les années 1970, des milliers de tortues de Floride (*ci-contre*) ont été importées en France pour agrémenter nos aquariums. Ces petits reptiles aux joues rouges ont séduit de nombreux enfants, mais ont fini par grandir. Relâchées dans la nature, les redoutables carnassières ont colonisé nos étangs et nos rivières, concurrençant notre tortue locale, la cistude d'Europe. La vente de la tortue de Floride est interdite depuis 1997. Des associations les récupèrent et les conservent dans des étangs clôturés.

Une grenouille géante et vorace

Importée des États-Unis par un voyageur en 1968, la grenouille taureau s'est échappée de son plan d'eau et a envahi une partie de la France et plusieurs pays d'Europe. Ce monstre de 20 cm de long (*ci-contre à droite aux côtés d'une grenouille verte*) pèse jusqu'à 1 kg et se nourrit de poissons, d'autres amphibiens, d'oiseaux...
Il menace nos autres grenouilles et leur transmet certaines maladies ; un programme vise donc à l'éradiquer.

Arrivée accidentellement sur nos côtes, la crépidule est d'origine américaine. Chaque individu est d'abord mâle, puis hermaphrodite, puis femelle. On trouve ces coquillages empilés sur les plages : les femelles sont en bas et les mâles en haut.

Devenue rare à cause de la pollution et de l'aménagement des berges, l'écrevisse à pattes blanches subit en outre la concurrence de sa cousine américaine, beaucoup plus résistante et qui lui transmet une maladie.

Jussie… j'y reste !

Deux espèces de plantes aquatiques menacent particulièrement les cours d'eau d'Europe. La première, la jussie, plante américaine qui se trouve dans le commerce, conquiert facilement les eaux lentes, où elle consomme énormément d'oxygène aux dépens des autres végétaux. La seconde, la renouée du Japon, possède un feuillage abondant, de longues tiges souterraines et sécrète des substances toxiques nocives pour les espèces locales. Il est très difficile de stopper leur prolifération.

Sacré échassier !

Importé en France à la fin des années 1970, l'ibis sacré s'est échappé d'un parc animalier et a colonisé toute la façade atlantique. On estime qu'ils sont aujourd'hui 5 000 dans l'ouest du pays, contre une centaine dans les années 1990 ! Originaires d'Afrique du Nord, ces grands échassiers (1,20 m d'envergure) au bec redoutable pillent des colonies d'oiseaux protégés. Les spécialistes souhaitent donc éliminer ces prédateurs prolifiques*.

Mammifères amphibies

Une grosse bête moustachue fend la surface de l'eau ? C'est probablement un ragondin (*ci-contre*). À moins qu'il ne s'agisse d'un rat musqué (*ci-dessus*), beaucoup plus petit : moins de 70 cm, queue incluse, contre environ 1 m pour le ragondin, également appelé myocastor. Ces deux rongeurs d'origine américaine ont été introduits dans nos contrées au début du XXe siècle et élevés pour leur fourrure. Certains se sont échappés. Ils pullulent aujourd'hui sur les plans d'eau et les rivières, dont ils abîment les berges en creusant des galeries. Pour limiter la progression du ragondin, on place du poisson dans des appâts qui ont l'inconvénient de tuer parfois des visons d'Europe ou des loutres, espèces protégées déjà en déclin.

Les invasions biologiques ont toujours existé, mais se sont nettement accélérées durant la seconde moitié du XXe siècle. L'agriculture européenne, par exemple, est née avec des plantes et des animaux venus d'ailleurs. Mais ce phénomène a pris de l'ampleur et s'est généralisé récemment avec la mondialisation des échanges.

Après le percement du canal de Suez en 1869, près de 300 espèces animales et végétales présentes en mer Rouge et dans l'océan Indien sont arrivées en Méditerranée, dont elles étaient séparées depuis 20 millions d'années. Elles représentent 4 % des espèces de cette mer.

Prairies humides et tourbières

Vaste tapis de verdure fleuri bordé d'arbres "têtards", la prairie humide* dévoile une nature discrète mais précieuse. Épais matelas de mousses flottantes où il est dangereux de s'aventurer, la tourbière est si pauvre que seuls quelques végétaux parviennent à y vivre.

Mystérieuses tourbières

Les tourbières sont des marais particuliers qui évoluent très lentement. Elles apparaissent quand l'eau s'accumule dans les cuvettes creusées par d'anciens glaciers, près des sources, des lacs ou du littoral, sous un climat frais et humide.

Petit à petit, le marais est envahi par des plantes aquatiques peu exigeantes, puis par des mousses – les sphaignes –, qui rendent la tourbière acide comme du vinaigre. Capables de retenir quarante fois leur poids en eau, elles font gonfler la tourbière comme un soufflé. Cette tourbière bombée sera colonisée au fil du temps par des bruyères, des bouleaux, des pins... et s'asséchera progressivement en surface. À la différence des marais, où les végétaux morts se décomposent en vase, la matière organique* s'accumule au fond sous forme de tourbe, une sorte de "roche végétale".

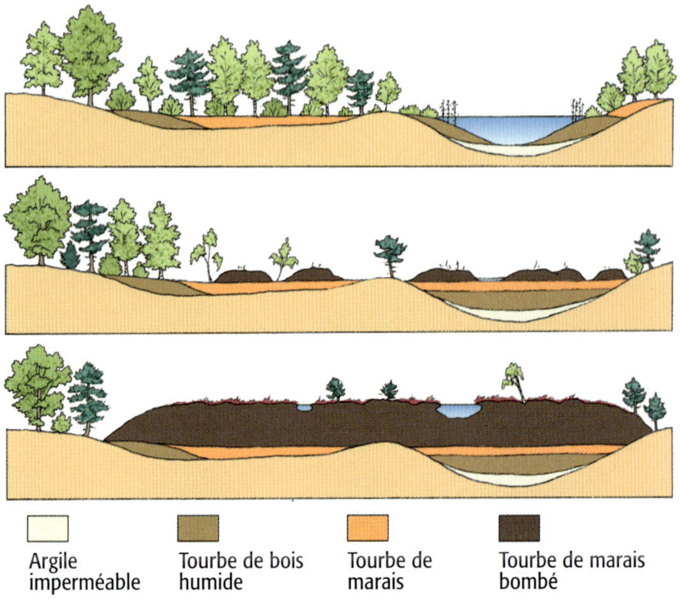

Au départ, une ceinture végétale apparaît autour de l'eau stagnante. La matière organique s'accumule et peine à se décomposer dans l'eau froide. La tourbe se constitue, sorte de radeau végétal, et des buttes se forment. La tourbière flottante devient une tourbière bombée, s'assèche en son centre et s'affaisse.

Des creux, des bosses : les tourbières présentent des aspects très différents selon leur stade d'évolution, ainsi qu'une végétation caractéristique (landes, pins...).

Certaines tourbières remontent à la dernière période glaciaire, il y a environ 12 000 ans. Il leur a fallu tout ce temps pour "fabriquer" jusqu'à 7 m de tourbe, soit à peine 1 mm par an. Très peu touchés par l'homme, ces milieux ont conservé d'anciens pollens, des fossiles passionnants à étudier pour les scientifiques.

La moitié des tourbières françaises ont disparu au siècle dernier, notamment à cause de l'exploitation de la tourbe qui, selon son âge, offre diverses propriétés. Séchée, la tourbe noire brûle comme du bois ou du charbon. La tourbe brune, mélangée au terreau, est utilisée en jardinage : une pratique à éviter.

Des plantes originales

Très pauvre en sels minéraux, la tourbière accueille des plantes qui ont trouvé d'ingénieux moyens de survie : certaines vivent en symbiose avec des champignons microscopiques qui leur fournissent azote et phosphore. Reconnaissable à ses touffes de "poils" blancs, la linaigrette développe de très longues racines pour se nourrir. Les plantes les plus étonnantes sont tout bonnement carnivores, mais elles ne sont pas aussi spectaculaires que sous les tropiques. Il faut même se mettre à quatre pattes pour avoir une chance d'observer le drosera parmi les sphaignes. Les gouttelettes qui perlent sur les petits poils hérissés de ses feuilles rondes attirent les insectes. Piégés dans ce liquide gluant, ils sont digérés petit à petit.

Pas de chance pour cette libellule : piégée par le liquide visqueux des feuilles du drosera, elle va être lentement digérée par la plante carnivore, lui apportant des protéines.

Jadis appelée charbon du pauvre, la tourbe servait de combustible. Riches en carbone, les briques étaient séchées au soleil. Aujourd'hui, la tourbe est exploitée pour faire du terreau au détriment des tourbières.

CHEMINS DE BOIS

Comme il a fallu plusieurs milliers d'années pour qu'une tourbière se forme, des précautions doivent être prises pour éviteer de piétiner ces sites fragiles car le moindre pas met plusieurs mois à s'effacer. On aménage donc pour les promeneurs des sentiers en bois au-dessus de la végétation, comme sur la tourbière de Hanau, en Moselle, qui abrite une exceptionnelle pinède sur tourbe.

Des paysages nés des crues

Dans les vallées, fleuves et rivières débordent régulièrement l'hiver, inondant les prairies. C'est la crue. Caractéristiques de ce paysage humide entretenu par l'homme, les frênes taillés en "têtard" (*voir p. 73*) bordent les fossés ou les chemins. On y pratique la fauche et le pâturage. Malheureusement, la culture du peuplier (la populiculture), plus rentable, tend à se développer sur ces prairies humides, qui perdent alors leur intérêt écologique. Comparables à des éponges, ces milieux jouent pourtant un rôle important dans la prévention des inondations en absorbant une partie des eaux. De plus, ils nettoient l'eau avant qu'elle ne s'infiltre dans le sol pour alimenter les nappes phréatiques (*voir p. 52*).

Au printemps, les prairies humides abritent un migrateur très discret, menacé de disparition : le râle des genêts. Sa survie dépend en partie de la volonté que peuvent avoir les éleveurs de faucher leurs prairies ni trop tôt ni trop vite, pour épargner les poussins.

Le brochet fréquente les eaux profondes des lacs et des rivières, mais se reproduit sur les prairies inondées. La femelle dissémine ses œufs dans la végétation. Après l'éclosion, les jeunes, appelés alevins, rejoignent la rivière. Souvent capturé trop jeune, ce prédateur sensible à la pollution a vu ses effectifs diminuer.

En France, on trouve des tourbières principalement en montagne et dans les régions atlantiques. Plus communes en Europe du Nord, elles ne représentent que 0,1 % de notre territoire (mais abritent 6 % de notre flore), contre 20 % en Finlande, 13 % en Irlande, 9 % en Islande...*

Les lacs

Ces grandes étendues d'eau se distinguent des étangs par leur profondeur. À certains endroits, la lumière ne peut accéder au fond, ce qui empêche le développement de la végétation. En Europe, les lacs naturels les plus vastes se situent près des massifs montagneux.

ÉCHANGE DE BONS PROCÉDÉS

Petit poisson de 10 cm de long, la bouvière a un mode de reproduction peu commun. À l'aide d'un long tuyau, la femelle dépose ses ovules à l'intérieur d'une moule d'eau douce, qui absorbe ensuite la semence du mâle ❶. Les œufs se développent dès lors à l'abri de la coquille. En contrepartie, la moule expédie ses propres larves dans les branchies du poisson, qui les protège le temps que se forme la coquille ❷.

❶

❷

Contrairement au cormoran huppé, qui vit sur la côte, le grand cormoran fréquente aussi les lacs. On suppose que son plumage n'est pas étanche, c'est pourquoi il écarte les ailes après chaque partie de pêche pour les faire sécher. Après avoir frôlé l'extinction, ce grand oiseau est devenu la bête noire des pisciculteurs.

Comme sur les côtes, les nitrates et les phosphates polluent parfois les lacs (voir p. 31), entraînant la prolifération de certaines algues qui accaparent l'oxygène dont elles privent certains poissons. Peu à peu, le lac se trouve asphyxié. Ce phénomène s'appelle l'eutrophisation.

Naturel ou artificiel ?

En construisant des barrages sur des cours d'eau, l'homme crée des lacs de retenue pour produire de l'électricité. Il peut aussi s'agir de réservoirs, comme le lac du Der-Chantecoq, en Champagne, le plus grand lac artificiel de France. L'hiver, il capte les eaux de la Marne afin d'éviter les crues de la Seine, à Paris, puis il restitue l'été son eau à la rivière. Devenu, avec 270 espèces d'oiseaux, un haut lieu de l'ornithologie, il constitue la troisième zone de stationnement en France pour les migrateurs et accueille les grues cendrées par milliers.

Le lac de Grand-Lieu (*ci-dessous*), près de Nantes, devient l'hiver le plus grand lac naturel de plaine de France. Fait unique en Europe, sa végétation et ses fortes variations de niveau (1 m l'été et 3 m l'hiver) le font ressembler à un lac tropical. Ce site protégé, caractérisé par des sortes de forêts flottantes, héberge 500 espèces de végétaux, 230 espèces d'oiseaux, ainsi que de nombreuses espèces de poissons, de reptiles et de batraciens.

Lacs de montagne

En montagne, les lacs ont été creusés par des glaciers. Plus ils sont élevés, plus leurs eaux sont gelées une grande partie de l'année, et plus la vie s'y fait rare. Seuls la truite fario et l'omble chevalier tolèrent ces hautes altitudes.

Le plus grand lac d'Europe de l'Ouest est le lac Léman (franco-suisse), qui mesure 72 km de longueur. En Auvergne, on trouve des lacs d'origine volcanique comme le lac Pavin, où l'on s'enfonce dans l'ancien cratère jusqu'à 90 m. C'est bien peu par rapport au lac Baïkal, en Sibérie, qui détient le record du monde : plus de 1 600 m de profondeur.

L'omble chevalier fréquente les lacs froids et profonds d'Europe. C'est un poisson autochtone du lac Léman et du lac du Bourget, alors qu'il a été introduit dans de nombreux lacs de montagne (Pyrénées, Vosges, Jura...). Très vulnérable, il est sensible à la pollution.*

À ne pas confondre avec le goéland argenté (voir p. 31), la mouette rieuse niche principalement en eau douce, où elle s'établit en colonies bruyantes (jusqu'à 20 000 couples). La "mouette de Gaston Lagaffe" doit son nom à son cri, qui évoque un rire.

De la source à la mer

Les cours d'eau font partie des zones humides. Ils se distinguent des marais et des plans d'eau par leurs eaux courantes, généralement moins riches que les eaux stagnantes. En Europe, on y trouve ainsi cinq fois moins d'invertébrés aquatiques.

Le Soleil, source d'eau !

La chaleur du Soleil provoque la transpiration des êtres vivants et l'évaporation des lacs et des océans. Cette vapeur d'eau se refroidit en montant dans l'atmosphère où elle forme les nuages. Environ un cinquième de cette eau retombe sur les continents sous forme de précipitations (neige, grêle, pluie). Elle grossit alors les cours d'eau ou s'infiltre dans le sol, formant de grandes réserves d'eau naturelles : les nappes phréatiques. Celles-ci alimentent des sources, d'où naissent les rivières, qui rejoignent les fleuves, qui se jettent dans la mer... et la boucle est bouclée.

Eaux vives, eaux lentes

Dans son cours supérieur, le ruisseau (appelé torrent si la pente est forte) a un faible débit. Froide (5 à 10 °C) et en mouvement, l'eau est riche en oxygène mais pauvre en nourriture. On y trouve peu de plantes aquatiques, et néanmoins des truites, des saumons...

Quand la pente et le courant diminuent, le fond devient sableux, la température augmente (jusqu'à 20 °C en été) et quelques plantes parviennent à se fixer. C'est le cours moyen de la rivière, plus large et plus profond, où vivent des poissons comme l'ombre et le barbeau.

Dans la plaine, la pente a quasiment disparu. Le courant est lent, le fond vaseux et riche en nourriture. Le cours d'eau, plus trouble, décrit des courbes : les méandres. Les végétaux (massettes, roseaux, joncs, iris, nénuphars...) s'installent sur les rives en fonction de la profondeur de l'eau, où la faune* aquatique est plus abondante : libellules, batraciens, carpes, brèmes, tanches, gardons, brochets, canards, hérons... Parfois abandonnés par le fleuve, les méandres forment des bras morts. À proximité de l'embouchure, l'eau douce, mélangée à l'eau salée, devient saumâtre.

De l'évaporation à l'infiltration, l'eau opère un cycle qui se répète indéfiniment.

Voici dans l'ordre décroissant les longueurs des plus grands fleuves d'Europe : le Danube : 2 857 km ; le Rhin : 1 325 km ; l'Elbe : 1 165 km ; la Loire : 1 012 km ; le Tage : 1 006 km ; le Rhône : 812 km. Par comparaison, le Nil mesure 6 700 km.

Chaque Français consomme en moyenne 150 l d'eau par jour, dont il ne boit que 1 %. Or, un Terrien sur quatre n'a pas accès à l'eau potable. Il est possible de préserver cette denrée rare en préférant une douche rapide à un bain, en coupant l'eau quand on se lave les dents ou les mains...

Le Pô, ci-contre à trois étapes de son parcours, est le fleuve d'Italie le plus long (652 km). Alimenté par 141 affluents, il prend sa source dans les Alpes, au pied du mont Viso (2 022 m), traverse des villes comme Turin et Crémone avant de se jeter dans la mer Adriatique en se divisant en trois branches. Ce vaste delta de 380 km^2 forme un important parc naturel régional.

La naissance d'un cours d'eau

À l'origine d'une rivière se trouve la source, un endroit où l'eau sort de terre, quand le niveau de la nappe souterraine atteint la surface. Souvent rapide au départ, le cours d'eau a besoin d'un minimum de pente pour s'écouler. Alimenté par les pluies et la fonte des neiges, il emprunte des chemins variés et présente différents aspects tout au long de son parcours. On parle de cours d'eau supérieur pour le torrent ou la rivière de montagne, de cours moyen pour la rivière de vallée et de cours inférieur pour la rivière de plaine ou le fleuve. Chacun de ces secteurs est occupé par des plantes et des animaux particuliers. Il arrive que la rivière disparaisse sous terre, notamment dans des régions calcaires.

Petit vocabulaire de la rivière

En s'écoulant, l'eau occupe un lit délimité par des berges, qui peut se diviser en plusieurs bras séparés par des îlots et des bancs de sable. Lorsque le cours d'eau déborde de son lit supérieur, il est en crue. Quand il forme une courbe, on parle de méandre.

Les rivières qui se jettent dans un autre cours d'eau sont des affluents. Ce lieu de rencontre s'appelle la confluence. Quand il se jette dans la mer à l'embouchure, le fleuve devient un estuaire ou un delta (*voir p. 60*).

Toutes les eaux qui alimentent un même fleuve forment un vaste réseau, appelé bassin versant. La frontière entre les différents bassins versants est formée par une ligne de crête appelée ligne de partage des eaux. Toutes les eaux s'écoulant à l'intérieur d'un même bassin versant convergent vers la même rivière, puis vers le même fleuve, et enfin vers la même mer.

Représentée en rouge sur ce dessin, la ligne de partage des eaux définit la frontière entre les différents bassins versants.

LA LOIRE, DERNIER FLEUVE SAUVAGE D'EUROPE

Grâce au plan "Loire nature", le plus grand fleuve de France reste aussi le dernier fleuve sauvage d'Europe, à la différence du Rhin et du Rhône, très artificialisés. La liberté du fleuve a été respectée et un vaste plan de restauration a même été confié par l'État à des associations pour sauvegarder des sites et des espèces. C'est désormais un modèle pour l'Europe entière.

L'eau douce ne constitue que 3 % de la totalité de l'eau présente sur notre planète. Sur cette faible quantité, une infime proportion est accessible à l'homme, le reste étant bloqué dans la banquise ou dans des nappes souterraines trop profondes. D'où la nécessité de ne pas la gaspiller...

Des fleuves comme le Rhin ont été aménagés. On a bétonné certaines rives, construit des barrages pour régulariser le débit, limiter les crues ou produire de l'électricité. Un quart des fleuves européens sont très pollués par les rejets agricoles (pesticides, engrais), industriels (plomb, mercure...) ou domestiques.

Deux saumons effectuent une danse nuptiale dans leur frayère d'un affluent du Scorff (Morbihan).

Voyager entre deux eaux

Lamproie, alose, saumon, esturgeon... certains poissons nés en eau douce terminent leur vie dans l'eau de mer. Chez l'anguille, c'est l'inverse. Elle est la seule à se reproduire dans l'océan, puis à remonter les rivières au terme d'un périlleux périple. Leur vie est loin d'être un long fleuve tranquille...

Un parcours semé d'embûches

On a du mal à s'imaginer que le saumon atlantique soit en danger, alors qu'il est si courant sur les étals des poissonniers... mais issu d'élevages. Le saumon atlantique sauvage naît dans une rivière et y séjourne un an ou deux avant de gagner la mer, direction le Groenland. Devenu adulte deux à quatre ans plus tard, il parcourt 6 000 km pour retrouver sa rivière natale, où la femelle va pondre des œufs que le mâle fécondera*. On dit qu'ils fraient et leur lieu de reproduction est appelé "frayère". Contrairement à son cousin du Pacifique, qui meurt après s'être reproduit, le saumon atlantique a la faculté d'effectuer deux ou trois migrations au cours de sa vie.

Difficile, même pour cet athlète capable de bonds surprenants, de remonter le courant quand des barrages se dressent sur son passage ! Depuis les années 1990, des mesures ont été prises en France pour sauvegarder l'espèce dans la Loire et son affluent principal, l'Allier. Un élevage a même été créé dans le Haut-Allier pour repeupler les rivières : c'est la plus grande "salmoniculture" de ce type en Europe.

Lorsqu'il atteint la taille d'une sardine, le jeune saumon est appelé "smolt". Il gagne alors le large du Groenland ou des îles Féroé, puis trouve le chemin du retour grâce à son odorat développé.

À ne pas confondre avec la lamproie marine, qui est un poisson parasite, la lamproie de rivière est aussi une espèce migratrice qui se reproduit dans les fleuves. Avant de gagner la mer, les larves vivent plusieurs années dans la vase où elles se nourrissent de micro-organismes, ce qui les rend très sensibles à la pollution.*

De la famille des saumons, la truite arc-en-ciel et la truite fario évoluent dans des eaux rapides. Ces carnivores adaptés au courant présentent un corps fuselé pouvant atteindre 50 cm de long. Il existe aussi des truites de mer, qui passent leurs premières années dans l'eau douce. Comme le saumon, elles sont menacées.

DES ASCENSEURS POUR LES POISSONS

Quand on ne détruit pas certains barrages qui perturbent la migration des poissons, on crée des "passes" pour que ceux-ci puissent les remonter. Il peut s'agir de bassins constitués d'une succession de petites chutes d'eau qui diminuent la hauteur à franchir. Il existe aussi des ascenseurs à poissons : piégés dans une cuve, ils sont remontés et libérés de l'autre côté de l'obstacle. Avec 39 bassins, la passe à poissons du barrage de Gambsheim, près de Strasbourg, compte parmi les plus grandes d'Europe. Ouverte au public, elle est équipée de baies vitrées permettant de voir les poissons et de les compter lors de leur remontée.

La passe à poissons attire les migrateurs en aval du barrage par une voie d'eau artificielle qui le contourne. Les grands migrateurs, comme le saumon, l'alose et la lamproie, profitent de ces dispositifs.

L'esturgeon au bord de l'extinction

On connaît surtout les œufs de ce poisson, qui donnent le caviar. Bien qu'il ne puisse plus être pêché (on arrive à l'élever en captivité), l'esturgeon est l'espèce de poisson la plus menacée de notre continent. Au bord de l'extinction à l'échelle mondiale, l'esturgeon européen n'est en effet plus présent que dans l'estuaire de la Gironde et ses affluents, où des alevins (jeunes poissons) sont relâchés depuis une douzaine d'années. Mais l'État français ne fait pas tout ce qu'il faut pour le préserver.

L'esturgeon est le plus grand poisson d'eau douce d'Europe : il peut atteindre une longueur de 3,50 m.

Serpents de mer

Les anguilles naissent dans les profondeurs de la mer des Sargasses, en océan Atlantique, au large de la Floride. Les larves gagnent nos côtes en l'espace de quelque deux cents jours, portées par un courant marin, le Gulf Stream (*voir p. 28*). Appelées civelles, ces petits poissons transparents s'installent ensuite dans un lac ou un cours d'eau. Huit ans plus tard environ, les adultes aux allures de serpent partent se reproduire dans la mer des Sargasses : ils parcourent ainsi plus de 6 000 km pendant près d'un an.

Le brochet chasse à l'affût dans les plantes aquatiques et possède l'étonnante faculté de changer de couleur en fonction du milieu dans lequel il se cache.

Le brochet, les dents du fleuve

Museau en bec de canard, 700 dents : le brochet est taillé pour la chasse. Parfois long de plus de 1 m, il fréquente les eaux profondes et calmes, où il capture, à l'affût, des gardons, des brèmes, des grenouilles et des canetons. La pollution et la raréfaction* des prairies humides* où pond la femelle ont fait décliner la population.

Victimes d'une pêche excessive dans les estuaires, de la pollution et des barrages, les jeunes anguilles, appelées civelles, sont de plus en plus rares. Des anguilles japonaises ont été importées pour l'élevage, mais elles menacent l'espèce européenne, à laquelle elles transmettent un ver parasite.

D'après l'Union mondiale pour la nature (UICN), un tiers des 522 espèces européennes de poissons d'eau douce sont menacées d'extinction, tandis que 12 d'entre elles n'existent déjà plus.

Des forêts les pieds dans l'eau

Le regard, attiré par l'eau, a tendance à oublier la végétation des berges. Ce mélange d'herbes, d'arbustes et d'arbres souvent touffus constitue pourtant un habitat à part entière qui joue un rôle important lors des inondations. C'est la "ripisylve", du latin *ripa* (rive) et *sylva* (forêt).

Exubérance végétale

Un entrelacs de lianes, de hautes orties et, çà et là, quelques ronces menaçantes... une clématite qui s'enroule autour d'un merisier... pour un peu, on se croirait dans la jungle. Les ripisylves abritent des plantes particulières : la saponaire, utilisée jadis pour ses propriétés nettoyantes, la grande bardane, dont les fleurs groupées en boule s'accrochent aux vêtements comme du Velcro. Quand les arbres y sont nombreux, on parle de forêt alluviale ou de forêt riveraine.

Au départ, les graminées* et les saules s'installent au gré des alluvions, des dépôts de particules qui se forment sur la grève. Les essences à bois tendre, comme le peuplier, colonisent les berges. Certains arbres portent les traces des crues annuelles, amas fragiles de tiges sèches accrochées à leurs branches. Les essences à bois dur – érables, frênes, robiniers appelés aussi faux-acacias... – poussent à l'abri des crues, sur des sols riches en humus.

Il y a 1 400 millions de milliards de tonnes d'eau sur la planète, dont plus de 97 % d'eau salée. L'eau douce restante se répartit de la manière suivante : 76 % dans les glaciers, 22,5 % sous terre, 1,46 % en surface (lacs, cours d'eau...) et 0,04 % dans l'air (nuages, pluie...).

Contrairement aux vipères, les couleuvres aiment l'eau et sont inoffensives. Beaucoup plus longues que les vipères, elles vont parfois jusqu'à se cacher au fond de l'eau, où elles nagent très bien. Les vipères et les couleuvres sont des espèces protégées.

Un filtre naturel

Comme toutes les zones de transition entre la terre et l'eau, la forêt alluviale joue un rôle non négligeable en stabilisant les berges et en freinant l'érosion*. Elle agit comme une éponge en stockant d'importants volumes d'eau lors des inondations. Avant de s'enfoncer dans les nappes phréatiques (*voir p. 52*), les eaux sont en partie débarrassées des nitrates, notamment grâce aux orties. D'où la nécessité d'entretenir ces milieux rares et délaissés, qui abritent un cortège d'animaux.

Le retour du castor

Parce qu'il vit au crépuscule, le castor est difficile à observer. Mais il laisse de nombreux indices de son passage : arbustes taillés en "pointes de crayon", branches écorcées, "réfectoires" où s'entassent les jeunes branches qu'il grignote ou odeurs musquées* du castoréum, la sécrétion odorante qu'il dépose pour marquer son territoire. Durant la journée, il se cache dans son terrier creusé dans la berge, dont l'entrée se situe sous l'eau. Le castor est un excellent nageur qui peut rester immergé pendant un quart d'heure. En France, il construit rarement des huttes, mais parfois des barrages pour réguler le niveau de l'eau. Grâce à des réintroductions, ce mammifère n'est plus en danger.

Jadis commune en Europe, la loutre est en déclin depuis le milieu du XXe siècle. Elle reste bien présente en Scandinavie, en Grande-Bretagne, au Portugal et dans l'est du continent.

La loutre, fée de l'onde

On l'a longtemps considérée comme un poisson tant elle est à l'aise dans l'eau. Encore très commune il y a cinquante ans, la loutre n'est désormais présente que sur le littoral atlantique et dans le Massif central. Ce mammifère, qui fréquente aussi bien les eaux douces que les eaux salées, est devenu un symbole de l'indispensable protection des zones humides. La loutre est heureusement moins rare dans l'est et le nord de l'Europe. Il existe un centre d'élevage et de sensibilisation à Hunawihr, en Alsace, où il est facile de l'observer.

Un campagnol amphibie

Surnommé rat d'eau, le campagnol amphibie figure parmi les mammifères français les plus menacés avec le vison d'Europe, alors qu'il était autrefois abondant. Il est notamment victime des campagnes d'empoisonnement visant les ragondins et les rats musqués (*voir p. 47*). De la taille d'un rat, ce gros campagnol s'observe aussi bien dans les eaux courantes que dans les eaux stagnantes. Il plonge de la berge avec un "ploup" caractéristique et sa queue reste invisible quand il nage. L'entrée de son terrier se situe généralement sous l'eau.

Les moules d'eau douce (non comestibles), appelées anodontes, vivent dans les fonds vaseux des eaux lentes et peuvent atteindre la taille de 25 cm. Leurs larves grandissent dans les branchies des poissons avant de tomber au fond de l'eau.

Les cours d'eau rapides sont moins riches en faune et en flore* que les rivières lentes. Très sensibles à la pollution, leurs habitants sont d'excellents indicateurs de la qualité des eaux. Et beaucoup d'espèces qui les fréquentent sont vulnérables...*

Le monde méditerranéen

Anciens murets de terrasses agricoles sur l'île de Korčula, en Croatie.

Le mot "Méditerranée" n'évoque pas seulement une mer, mais aussi des paysages façonnés par l'homme depuis des millénaires. Toute modification de ses activités a donc un impact sur la faune* et la flore*.

Un climat chaud et sec

Dominées par la forêt et le maquis, les régions méditerranéennes figurent parmi les hauts lieux de la biodiversité mondiale, avec près de 25 000 espèces de plantes dont 60 % n'existent nulle part ailleurs. Ces régions correspondent à la zone de culture de l'olivier et se caractérisent par un été long, sec et chaud, et un hiver doux et humide.

Ce climat est plus marqué au fur et à mesure que l'on descend vers le sud. Ainsi, la région d'Europe qui reçoit le moins de pluie se situe dans le sud de l'Espagne, en Andalousie, avec des précipitations annuelles de 100 mm contre 500 mm dans le sud de la France.

Fruit d'une longue histoire, le monde méditerranéen connaît de brutales modifications : urbanisation du littoral, tourisme, pollution, intensification de l'agriculture... Le climat est d'autant plus contraignant pour la faune et la flore que l'on s'enfonce vers le sud.

La mer "au milieu des terres"

Méditerranée signifie mer "au milieu des terres". Cette mer presque close ne communique en effet avec l'Atlantique que par un passage de 14 km de large : le détroit de Gibraltar. Cette arrivée d'eau compense la forte évaporation de la Méditerranée. La plupart des 630 espèces de poissons vivant dans cette mère intérieure se trouvent aussi dans l'océan Atlantique. Protégé, le plus célèbre est le mérou brun (*voir p. 16-17*) qui, comme de nombreuses autres espèces, change de sexe en vieillissant.

Selon le WWF, les sécheresses de plus en plus fréquentes vont nuire aux pays méditerranéens. Elles sont aggravées par l'irrigation (arrosage) de cultures gourmandes en eau, comme le maïs. Ces dernières ont en effet pris le pas sur les plantations traditionnelles (oliviers, citronniers...), qui se contentaient de l'eau de pluie.

Ce sont les insectes et les araignées méditerranéens qui occasionnent les piqûres les plus douloureuses. En France, seul le scorpion languedocien peut se montrer dangereux, mais sa piqûre n'est pas mortelle. Mesurant jusqu'à 8 cm de long, c'est le plus grand scorpion d'Europe. Il pique quand il se sent menacé.

Invasion tropicale

Isolées de l'Atlantique dont elles sont originaires, la faune et la flore de la Méditerranée ont néanmoins développé des particularités. La posidonie, une plante à fleurs sous-marine, forme de vastes herbiers au fond de l'eau. Présentes jusqu'à 30 m de profondeur, ces "prairies" qui ne poussent qu'en Méditerranée hébergent les trois quarts des espèces animales du littoral.

Introduite accidentellement en Méditerranée après le nettoyage d'un aquarium, la caulerpe, une algue verte d'origine tropicale, prolifère depuis 1983 sur les côtes au point de concurrencer les herbiers de posidonie, déjà malmenés par la pollution. Très résistante, la caulerpe est en outre toxique pour la faune sous-marine. On tente en vain de s'en débarrasser...

En régression, les herbiers de posidonie (à ne pas confondre avec des algues !) forment l'écosystème le plus important du littoral méditerranéen.

Les cétacés de Méditerranée en danger

À l'exception du marsouin, tous les cétacés présents dans l'Atlantique sont visibles en Méditerranée, parfois avec plus de facilité. Pourtant protégés, ces mammifères marins y sont menacés, victimes de la pollution, des filets de pêche ou de collisions avec les nombreux bateaux.

Un tiers du trafic maritime mondial passe en effet par la Méditerranée, et la moitié de son littoral risque d'être bétonnée d'ici à 2025. Interdits depuis 2002, les filets dérivants continuent à tuer illégalement des dauphins, des tortues de mer, des requins et des oiseaux marins. L'Union européenne a donc proposé une stratégie aux pays riverains pour nettoyer et protéger cette mer intérieure aussi précieuse qu'endommagée.

La pêche industrielle pratiquée en Méditerranée piège régulièrement des cétacés (ici, un cachalot) dans ses immenses filets.

LA CRAU, UN "DÉSERT" EN FRANCE

À l'est de la Camargue, classée réserve naturelle, la Crau est un étrange désert formé de galets déposés il y a des milliers d'années par la Durance. En se tassant, ils ont créé une roche imperméable qui empêche les eaux souterraines de remonter. Unique en France, cette steppe ne se retrouve que dans certaines régions d'Espagne. La végétation, rase, porte le nom de "coussous". La Crau est l'un des deux seuls sites de nidification français du faucon crécerellette (ci-dessus), petit rapace migrateur dont la population européenne a diminué de 90 % depuis le milieu du xxe siècle. En France, on n'en recense plus que 150 couples. Un programme européen prévoit de réintroduire dans la nature des poussins élevés en Espagne.

Le rorqual commun est le plus grand cétacé de Méditerranée et le deuxième plus grand animal du globe derrière le rorqual bleu. Cette baleine à fanons d'une vingtaine de mètres peut peser 75 tonnes. Elle s'observe surtout l'été dans la mer Ligure, une zone sanctuaire située entre la Corse, la Côte d'Azur et l'Italie.

L'été, du pont des ferries qui sillonnent la grande bleue, on peut parfois apercevoir le souffle caractéristique (dirigé vers l'avant gauche) du cachalot. Capable de rester en apnée plus d'une heure, ce cétacé à dents, qui mesure de 10 à 18 m de long, montre sa queue triangulaire lorsqu'il plonge.

Deltas, lagunes et sansouires

On estime à deux milliards les oiseaux migrateurs qui utilisent les zones humides méditerranéennes pendant leur migration entre l'Europe, l'Asie et l'Afrique. Ces écosystèmes jouent un rôle de carrefour indispensable, mais ils sont malheureusement menacés par les activités humaines.

Deltas

L'absence de marées en Méditerranée est propice à la formation de deltas (zone d'accumulations alluviales à l'embouchure d'un cours d'eau). Les deltas de l'Ebre (*ci-dessous*) et du Guadalquivir, en Espagne, celui du Rhône, en France, et le delta du Danube, en Roumanie, font partie des rares qui conservent des milieux naturels exceptionnels. Située à l'embouchure du Rhône, la Camargue constitue la plus vaste zone humide méditerranéenne d'Europe de l'Ouest. Elle est classée réserve mondiale de biosphère (*voir p. 20*), tout comme le delta du Danube, qui se jette dans la mer Noire.

La Camargue, entre mer et fleuve

Connue pour sa colonie de flamants roses (la plus importante d'Europe avec 10 000 couples), cette mosaïque de territoires façonnée par le Rhône se partage entre l'agriculture (riziculture, élevage, marais salants…) et le tourisme. Délimitée par les deux bras du delta (le Grand et le Petit Rhône), la Camargue réunit une grande variété de zones humides, de plus en plus salées au fur et à mesure que l'on s'approche de la mer : lagunes, étangs, marais, roselières, rizières… La réserve naturelle de l'étang de Vaccarès, le plus vaste de Camargue, accueille des milliers de canards hivernants et une multitude d'oiseaux nicheurs.

Pionnier des parcs marins européens, le parc national de Port-Cros (Var) abrite d'exceptionnelles formations de corail. Son vaste herbier de posidonie accueille une multitude de poissons et la grande nacre, le coquillage le plus imposant d'Europe. Un sentier sous-marin permet d'explorer, avec masque et tuba, les abords de l'île.

L'organisme Conservation International a désigné 34 "points chauds" où la biodiversité est la plus importante et la plus menacée. Ils représentent 16 % des terres et concentrent près de la moitié des espèces endémiques (que l'on ne trouve nulle part ailleurs). En Europe, seul le bassin méditerranéen est concerné.

Les lagunes : des étangs saumâtres

Les courants côtiers déplacent les dépôts de sable charriés par les fleuves en créant de longs cordons parallèles à la côte. Derrière, il se forme des lagunes, qui communiquent généralement avec la mer. Il arrive que les cordons littoraux ferment certaines lagunes, dont l'eau finit par s'adoucir, comme c'est le cas dans le Languedoc. L'aménagement des fleuves et du littoral fait reculer ces cordons dunaires et certaines plages risquent même de disparaître (*voir p. 36-37*).

Des habitats qui ne manquent pas de sel

En bordure des lagunes, les terres basses et salées sont inondées l'hiver et se craquellent l'été. Appelées "sansouires", elles abritent quelques plantes adaptées à une forte salinité (jusqu'à 100 g de sel par litre !), comme les salicornes, et attirent de nombreux oiseaux nicheurs.

VIPÈRE OU COULEUVRE ?

Quand on randonne l'été dans des zones ensoleillées, il est important de faire du bruit et de porter des chaussures montantes. En général, les serpents s'enfuient à la moindre alerte et ne mordent que si on leur marche dessus par mégarde. Pour distinguer rapidement une vipère d'une couleuvre, il faut d'abord se fier à la longueur : la vipère, trapue (environ 60 cm), a une queue courte, tandis que la couleuvre, longue (plus de 1 m), a une queue effilée. Autre critère, la tête : triangulaire chez la vipère ❶, elle est plutôt arrondie chez la couleuvre ❷.

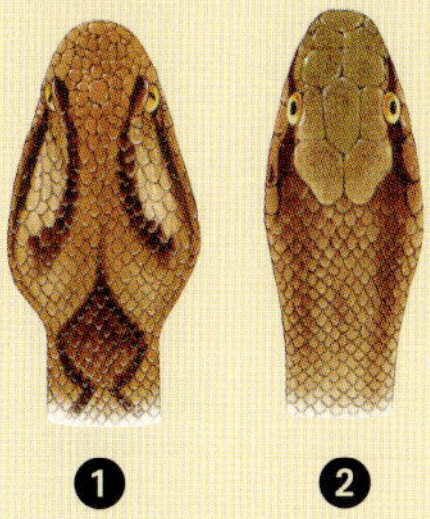

Un tiers de la surface du delta du Rhône se situe légèrement en dessous du niveau de la mer. Il risque donc d'être en partie submergé par la montée des eaux de la Méditerranée, accélérée par le réchauffement climatique. Le village des Saintes-Maries-de-la-Mer pourrait bientôt être encerclé par la mer...

Le fleuve le plus puissant d'Europe, le Danube (2 857 km de long), forme à son embouchure (en Roumanie) le delta le plus vaste du continent. Classé Réserve mondiale de biosphère, il abrite 300 espèces d'oiseaux, une cinquantaine d'espèces de poissons et plus de 1 000 espèces de végétaux. Sa roselière est la plus grande du monde.

Les forêts méditerranéennes

Depuis 12 000 ans, la forêt méditerranéenne a été déboisée pour être mise en culture, transformée en pâturages ou en zones d'habitation. Garrigue et maquis ont pris le pas sur ce paysage originel, qui reconquiert peu à peu les terres abandonnées par les agriculteurs.

Des forêts d'une grande diversité

Moins rentables que les forêts tempérées, celles de Méditerranée ont souvent été délaissées. Elles présentent pourtant une biodiversité plus riche et un plus grand nombre d'essences, dont certaines, dites endémiques, ne poussent pas ailleurs.

Adaptés à un été chaud et sec, les arbres conservent leur feuillage l'hiver. La végétation varie en fonction de la nature des sols, mais deux essences dominent : le pin d'Alep et le chêne vert, aux feuilles dentées. Sur le littoral, ils font place à la silhouette en ombrelle du pin parasol, qui donne les succulents pignons utilisés en cuisine. Les pins d'Alep et les pins sylvestres colonisent rapidement les zones brûlées ou abandonnées, mais ils sont plus fragiles que les feuillus face au feu.

En bord de mer, la croissance du pin d'Alep est orientée par le vent, non pas parce qu'il fait plier le tronc, mais parce que les embruns (gouttelettes d'eau salée) brûlent les bourgeons du côté exposé au vent.

Si la forêt méditerranéenne souffre de feux répétés, elle subit aussi les effets du réchauffement climatique, qui multiplie les sécheresses. Des hectares de pins sylvestres et de sapins disparaissent.

Quand la forêt disparaît en fumée

Les incendies constituent un véritable fléau dans le bassin méditerranéen. Dans huit cas sur dix, ils sont dus à des imprudences (mégot, barbecue...) et détruisent plus d'arbres que toutes les calamités naturelles (parasites, tempêtes...). En France, on compte en moyenne 3 000 départs de feu par an dans le Midi, qui brûlent environ 15 000 hectares, voire plus.

Pour limiter la progression des flammes, des tranchées* et des coupe-feu* sont aménagés dans les massifs, équipés en postes de guet et en réserves d'eau. Les propriétaires doivent également débroussailler autour de leur maison.

Après un incendie, il faut 2 ans pour que la végétation repousse et une dizaine d'années pour que les animaux repeuplent la forêt. Le passage du feu favorise l'installation de certaines plantes dites pyrophytes (ciste, chêne kermès, pin...), mais une forêt ravagée trop souvent finit par ne plus renaître de ses cendres.*

Les larves de cigales vivent plusieurs années sous terre avant de se métamorphoser en insectes ailés. Elles passent alors 3 semaines camouflées sur une branche dont elles pompent la sève, le temps de se reproduire. L'été, le mâle "chante" pour attirer les femelles en faisant vibrer des "cymbales" situées sur son abdomen.

Garrigue ou maquis ?

Vantée par l'écrivain provençal Marcel Pagnol, la garrigue est souvent confondue avec le maquis. Ces milieux chauds et secs s'apparentent à des landes méditerranéennes. Composée d'une végétation peu dense (chêne kermès, chêne vert, thym, romarin, lavande...), la garrigue pousse sur un terrain calcaire. Couvert d'arbustes impénétrables, le maquis s'épanouit sur un sol acide. Les naturalistes n'étant pas tous d'accord sur ces définitions, on regroupe parfois garrigue et maquis sous un même nom : le "matorral". Ces paysages arides résultent de l'exploitation de la forêt méditerranéenne par l'homme au fil des siècles. Des centaines d'espèces de plantes à fleurs y sont recensées, qui attirent une myriade d'insectes.

Chauffés par le soleil, la garrigue et le maquis sont des milieux propices aux serpents, aux lézards et aux tortues, qui trouvent par ailleurs dans les nombreux buissons leur indispensable source d'ombre.

D'origine tropicale, le papillon pacha à deux queues fréquente les zones où pousse l'arbousier, un arbuste typique du maquis. Celui-ci s'apprête à sortir de sa chrysalide ❶. Il s'y tiendra accroché quelques heures ❷, le temps que sèchent ses ailes ❸.*

Un paysage de garrigue dans la région de l'Alpujarra, en Andalousie.

LE CHÊNE-LIÈGE, UN DUR À CUIRE !

L'écorce du chêne-liège est une protection efficace contre le feu. L'homme a très vite su en tirer parti, en particulier pour fabriquer les bouchons de liège. Ce matériau est aussi un bon isolant contre la chaleur et le bruit. Récolté par les "leveurs", le liège correspond à la partie morte de l'écorce du chêne-liège. Mais il faut attendre que l'arbre atteigne l'âge de 50 ans pour que cette écorce soit de qualité. En Europe, c'est au Portugal que les forêts de chênes-lièges (appelées les "suberaies") sont aujourd'hui les plus étendues. En France, on exploite encore ces arbres dans le massif des Maures (département du Var), en Corse et dans les Pyrénées-Orientales, mais la production de liège est en déclin.

Adaptés à la sécheresse, les végétaux du matorral limitent l'évaporation grâce à leurs épines ou à leurs feuilles persistantes, épaisses et luisantes. Celles du chêne vert peuvent ainsi durer 3 à 4 ans avant de tomber. Certaines plantes fleurissent même en hiver, qui est une saison plus humide.

Contrairement à une idée répandue, il est plus courant de croiser un reptile sous un ciel voilé qu'en plein soleil. Comme ils ne peuvent réguler leur température interne, ils varient exposition au soleil, pour emmagasiner de l'énergie, et à l'ombre pour éviter la surchauffe. En France, tous les reptiles sont protégés.

Vivre en altitude

On parle de montagne quand l'altitude dépasse 900 m au-dessus du niveau de la mer. On distingue les moyennes montagnes, comme celles du nord du Royaume-Uni ou celles du Massif Central, des montagnes jeunes, plus élevées, telles que les Alpes ou les Pyrénées.

À chacun son étage

En montagne, la végétation change en fonction de l'altitude et de l'exposition au soleil. L'adret, exposé au sud, est le versant ensoleillé de la montagne, par opposition à l'ubac, plus humide et plus à l'ombre. Plus on grimpe, plus la température baisse : on perd environ 1 °C tous les 100 m. Le campagnol des neiges est le mammifère qui s'aventure à la plus haute altitude : jusqu'à 4 700 m dans les Alpes.

Pas de loisirs pour le tétras lyre

Difficile de concilier loisirs et protection de la nature. C'est encore plus vrai en montagne, où les perturbations peuvent avoir de graves conséquences sur certaines espèces sensibles aux dérangements. Le tétras-lyre, un bel oiseau cousin des poules, a beaucoup souffert des sports d'hiver, les pistes et les remonte-pentes ayant morcelé les forêts qu'il fréquente. Encore plus rare, le grand tétras, qui est le gallinacé* le plus gros d'Europe, est lui aussi très menacé par la transformation de son habitat.

La flore et la faune* de montagne sont particulièrement concernées par le réchauffement climatique. Le projet européen Gloria recense régulièrement les espèces pour suivre leur évolution. Cela a permis de constater que certaines d'entre elles ont déjà progressé vers le nord ou en altitude.*

Parfaitement adapté à l'altitude, le chamois (appelé isard dans les Pyrénées) est capable de dévaler 1 000 m de dénivelé en moins de 15 minutes. Son sang possède 13 millions de globules rouges par millilitre, alors qu'un homme adulte n'en possède que 5 millions.

Des glaciers qui fondent

Selon Météo France, la température dans les Alpes françaises a augmenté de 1 à 3 °C au cours des 45 dernières années, c'est-à-dire plus que sur l'ensemble du territoire. Or, les espèces alpines peuvent difficilement s'adapter à de nouvelles conditions. Des spécialistes estiment que certaines régions des Alpes pourraient perdre la moitié de leurs espèces végétales. Ils observent donc attentivement les dates de floraison, d'hibernation ou encore le retour des oiseaux migrateurs : cette science s'appelle la "phénologie". Quant aux glaciers, ils ont perdu environ un tiers de leur volume du fait de ce réchauffement...

Le glacier du lac Tourat (en haut)*, dans les Pyrénées, photographié en 1933. La relique de ce glacier photographiée en 2004* (en bas)*.*

LE « PAYS NOIR » ? UN PAYS VERT !

Près de 300 ans d'exploitation du charbon ont façonné le relief du Nord de la France et de la Belgique. Formés par l'accumulation de débris miniers, les terrils constituent des collines qui ont été peu à peu reconquises par la nature. Leur couleur noire et leur porosité* ont créé un milieu aride qui contraste avec les plaines humides du Nord. Quelques dizaines d'années après les derniers dépôts, le terril voit germer des graines de plantes dites pionnières, disséminées par le vent ou les oiseaux. Cette végétation particulière, parfois méditerranéenne, diffère sur les versants nord et sud. Les terrils les plus anciens, reboisés, se fondent aujourd'hui dans les paysages forestiers.*

Sur 320 km de bassin houiller, on recense 1 200 sommets plus ou moins élevés, les plus hauts étant les terrils du 11/19 de Loos-en-Gohelle (Pas-de-Calais), qui atteignent 188 m d'altitude.*

Canons à neige : une mauvaise piste

Quand la neige vient à manquer sur les pistes de ski, ce qui est désormais souvent le cas du fait du réchauffement climatique, les stations de sports d'hiver en fabriquent avec des canons à neige. Gourmande en électricité, cette "neige de culture" pompe beaucoup d'eau dans des régions où cette dernière est souvent rare : 2 m³ d'eau sont nécessaire pour obtenir 1 m³ de neige. Pour stocker l'eau, de grands bassins sont parfois creusés, qui abîment le paysage.

Quand une goutte d'eau croise une poussière dans un nuage, cela forme un cristal de glace qui va grossir peu à peu et s'alourdir. Si la température reste inférieure à 0 °C, il tombe au sol sous la forme d'un flocon de neige, dont le motif (étoile, aiguille, grésil...) diffère en fonction de la température.

Sur les terrils dénudés règnent des températures extrêmes – jusqu'à 50 °C –, ce qui explique la présence d'une mousse que l'on trouve aussi sur le volcan du Vésuve. Peu fréquentés, dépourvus d'engrais et de pesticides, ces milieux originaux offrent un refuge à près de 400 espèces de plantes et d'insectes parfois rares.

Ces espèces qui réapparaissent

Le retour spontané du loup et la réintroduction de l'ours dans les Pyrénées françaises provoquent la colère de certains bergers et chasseurs, ennemis des grands prédateurs. Pourtant, ces carnivores sont parfaitement tolérés dans d'autres pays d'Europe. Le retour des vautours suscite heureusement moins de débats.

Le loup, ennemi public numéro un ?
Encore très présent en France au XVIIIe siècle, le loup a disparu des deux tiers du pays au début du XXe siècle en raison de la chasse. Venu spontanément d'Italie, le canidé reconquiert le sud-est de la France depuis 1992. On y recense une cinquantaine d'individus, qui font beaucoup parler d'eux lors d'attaques de troupeaux de moutons, même si ces pertes sont indemnisées par l'État. Ce dernier aide par ailleurs les bergers à se doter de systèmes de protection (chiens patous, clôtures électriques…). En Italie (plus de 500 loups) et en Espagne (2 500 loups), la cohabitation entre cette espèce protégée et les éleveurs est plus pacifique.

Va-t-on vendre la peau de l'ours ?
L'ours brun est menacé d'extinction dans plusieurs pays d'Europe de l'Ouest, où il fait l'objet de plans de conservation. C'est dans les Carpates roumaines, les Balkans et en Scandinavie (*ci-dessous*) qu'ils restent les plus nombreux. Autrefois présent sur presque tout le territoire français, ce plantigrade (il marche sur la plante des pieds) a été victime d'une chasse intensive au XIXe siècle. On comptait 150 ours bruns dans les Pyrénées françaises en 1900, contre une vingtaine en 2007.

L'OURS DES PYRÉNÉES EN SURSIS

Pour retarder l'extinction de l'ours en France, des ours bruns originaires de Slovénie sont peu à peu réintroduits dans le massif pyrénéen. Bien que protégés par la loi, ils sont régulièrement victimes de tirs… Comme c'est le cas avec le loup, les dégâts éventuels causés aux troupeaux sont remboursés aux bergers, qui obtiennent des aides pour protéger leurs moutons. Les médias ne mettent souvent l'accent que sur l'impact négatif qu'a cette réintroduction sur l'élevage. Pourtant, la présence de ce mammifère emblématique de la sauvegarde de la biodiversité est aussi très positive pour le tourisme et l'image de la région.

Créés par Charlemagne, la louveterie et ses lieutenants étaient un corps de chasse destiné à traquer l'animal, considéré comme nuisible. La dernière prime à la mort d'un loup aurait été payée en 1927, date à partir de laquelle sa présence en France devint exceptionnelle.

En Europe, l'ours brun actuel et l'énorme ours des cavernes (connu il y a 1,5 million d'années et jusqu'à -12 000 ans avant notre ère) ont coexisté. Parmi les quelques ours bruns vivant aujourd'hui en France, les derniers individus originaires des Pyrénées ne sont que trois : deux mâles et un ourson.

La renaissance du "casseur d'os"

Majestueux vautour, d'une envergure de 2,80 m, le gypaète barbu est le rapace le plus rare d'Europe. Il vivait autrefois dans presque toutes les montagnes du sud du continent. Il se nourrit de cadavres d'animaux, notamment de leurs os qu'il brise en les laissant tomber sur des rochers.
En 1913, il n'existait plus de gypaètes, dans les Alpes, mais il a depuis été réintroduit avec succès grâce à un programme européen qui relâche des poussins nés en captivité. Il n'en subsiste qu'une centaine de couples dans les Pyrénées, en Corse, en Crète et en Grèce.

Un félin rare et discret

Chassé pour sa fourrure et les ravages qu'il provoque parmi les troupeaux de moutons, le lynx boréal a disparu de la plupart des pays européens. Ce carnivore subsiste en Scandinavie et dans les forêts montagneuses du centre et du sud-est de l'Europe. À partir de 1983, il a été réintroduit dans les Vosges, où l'on en recense une quarantaine. Il est présent surtout dans le Jura (une centaine d'individus) et colonise petit à petit les Alpes, où l'on en compte une trentaine. Bien que protégé, ce félin mal aimé est régulièrement victime du braconnage* (tirs, pièges) et de la route.

Le bouquetin des Alpes : un retour réussi

Exterminé en Suisse et dans les Alpes françaises au XIXe siècle, le bouquetin des Alpes a reconquis la Savoie au cours du XXe siècle, en venant d'Italie. La création du parc de la Vanoise a permis de sauver cette population, et de la renforcer en réintroduisant quelques centaines d'individus. Les cornes courbées du mâle peuvent atteindre 1 m de long.

La grue cendrée, qui nichait autrefois dans tous les milieux humides d'Europe de l'Ouest, ne séjourne désormais en France que durant sa migration. Depuis la fin du XXe siècle, cette espèce protégée semble toutefois reconquérir le territoire français, où elle niche occasionnellement.

Le parc national des Cévennes est l'une des régions d'Europe qui a connu le plus fort enrichissement biologique au cours des 30 dernières années, notamment grâce à des réintroductions (vautours fauve et moine, castor, cerf, chevreuil, mouflon, grand tétras, écrevisse à patte blanche) et à la protection des milieux naturels.

La nature au coin de la rue

L'écrivain Alphonse Allais déclara un jour qu'il faudrait "construire des villes à la campagne". Imaginait-il que les animaux et les plantes s'inviteraient volontiers dans la cité ? Pour eux, les monuments s'apparentent à des falaises, les pelouses à de maigres prairies, et la nourriture ne manque pas.

Un écosystème à part

On note un ou deux degrés d'écart de température entre la ville et la campagne, voire plus dans les métropoles. Cette différence s'explique par la chaleur emmagasinée dans les bâtiments et par la rareté de la végétation. Les arbres n'attendent pas le printemps pour bourgeonner et certains oiseaux nichent en avance. On a par ailleurs remarqué que le rossignol ou les mésanges chantaient plus fort qu'à la campagne, pour couvrir le bruit ambiant.

En banlieue et dans certaines villes de province, il n'est pas rare de croiser une fouine ou un renard. Les villes qui possèdent de grands lacs, comme Genève et Annecy, attirent l'hiver des milliers de canards qui fuient le froid sibérien et scandinave. Quant aux fleuves qui traversent les villes, ils offrent aux oiseaux un couloir naturel. Des sternes nichent ainsi à Tours et à Blois, sur les îles de la Loire.

Les cavités des vieux bâtiments constituent des lieux de nidification pour le faucon crécerelle, qui mange beaucoup plus de moineaux en ville qu'à la campagne.

Le renard a commencé à coloniser les cités d'Angleterre au début du XXe siècle, puis les autres villes d'Europe dans les années 1980. En ville, les trois quarts de son alimentation proviennent de nos déchets.

Des falaises artificielles

Les constructions humaines ont séduit les oiseaux rupestres*, amateurs de murailles et de rochers, notamment le martinet noir (à ne pas confondre avec l'hirondelle de fenêtre), dont les escadrilles sifflantes animent le ciel au retour des beaux jours. Cet as du vol niche dans les cavités des édifices.

Le faucon crécerelle a élu domicile dans les capitales européennes. À Paris, on recense une cinquantaine de couples, certains nichant dans les tours de Notre-Dame, voire sur la tour Eiffel. Des nichoirs ont été installés au sommet de la Bibliothèque nationale de France pour attirer le faucon pèlerin, qui niche aussi à Brest et à Strasbourg. Quant aux 80 000 pigeons de la capitale, ils constitueront un garde-manger pour ce prédateur. Ils sont si envahissants qu'il est interdit de les nourrir.

Le moins accueillant des appartements abrite tout de même une jungle d'acariens invisibles, qui grouillent sur la moquette et dans les matelas. Parents des araignées, ces hôtes incontournables se comptent par milliers dans la poussière et provoquent parfois des allergies.

Avec environ 1,20 m d'envergure, la buse variable (dont la couleur du plumage évolue) est plus grande que le faucon crécerelle. Doté d'une longue queue, ce dernier pratique le vol sur place avant de s'abattre sur sa proie. On dit qu'il fait le "Saint-Esprit". Tous deux consomment de nombreux rongeurs.

ÉTEIGNEZ LE CIEL !

En ville, les éclairages artificiels sont si nombreux qu'ils nuisent à l'obscurité de la nuit. Cette pollution lumineuse gêne les astronomes dans leurs observations, tout comme elle perturbe les insectes et les oiseaux migrateurs. Plusieurs régions d'Italie et de République tchèque ont adopté des mesures pour la réduire. En France, l'Association nationale contre la pollution du ciel nocturne lutte pour "sauver la nuit".

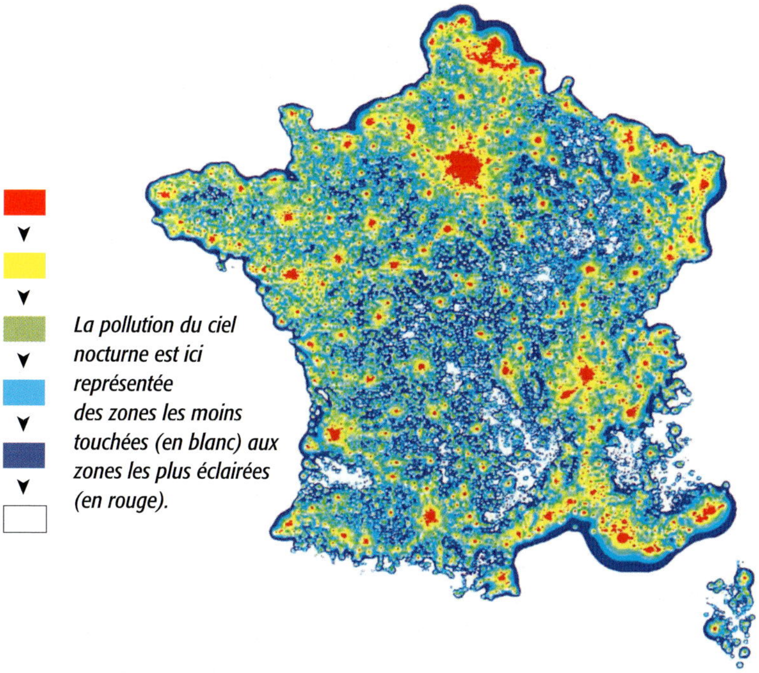

La pollution du ciel nocturne est ici représentée des zones les moins touchées (en blanc) aux zones les plus éclairées (en rouge).

Des citadins opportunistes

La mouette rieuse et les goélands ont proliféré à la faveur des décharges à ciel ouvert, sources providentielles de nourriture. Certaines municipalités font appel à un fauconnier, dont les rapaces sont dressés à éloigner les goélands nidifiant trop bruyamment. Les moineaux, qui nous paraissent banals, sont en revanche en régression dans les grandes villes d'Europe, vraisemblablement victimes de la pollution et des pesticides. Le "piaf" est même inscrit sur la Liste rouge des espèces d'oiseaux menacées en Grande-Bretagne, la moitié de sa population ayant disparu en trente ans.

Des moineaux sur le parvis de Notre-Dame de Paris. Soixante espèces d'oiseaux nichent régulièrement dans la capitale française et 900 espèces d'insectes y ont été recensées.

LES CONQUÉRANTS DE LA PIERRE

Quand une algue épouse un champignon, on obtient le lichen, capable de se développer à même la roche. Ce partenariat, appelé symbiose, permet au champignon de profiter des produits de la photosynthèse que l'algue fabrique. Celle-ci récupère en échange l'eau, les sels nutritifs et les vitamines que lui fournit le champignon. Il existe 20 000 espèces de lichens, plus ou moins sensibles aux polluants. On se fonde ainsi sur la répartition de ces "bio-indicateurs" pour évaluer la qualité de l'air et notamment cartographier la pollution atmosphérique des villes.

Sensible à la pollution, le lichen pulmonaire se raréfie. Des études ont montré que les zones où il disparaît correspondent aux zones où les maladies respiratoires et les allergies se multiplient.

L'agaric des trottoirs pousse dans le bitume. Ce cousin du champignon de Paris n'hésite pas à crever le revêtement routier. Ce phénomène s'explique par la structure particulière des cellules qui constituent son pied, lesquelles exercent une très forte pression en poussant.

Migrateur souvent confondu avec l'hirondelle, le martinet noir a la particularité de pouvoir dormir et s'accoupler dans les airs. On estime que cet as du vol, capable d'atteindre 200 km/h, accomplit en 18 ans l'équivalent de huit voyages aller-retour de la Terre à la Lune.

Un jardin extraordinaire

Un gazon ras, une haie de thuyas taillée au cordeau, des parterres de fleurs sans nectar et pas la moindre "mauvaise herbe"... la plupart des jardins ne laissent guère de place à la nature. Pourtant, un jardin moins soigné peut abriter une profusion de vie sauvage.

C'est la diversité des habitats qui fait la richesse d'un jardin. Ainsi, une haie champêtre, composée d'arbustes (églantier, aubépine, sureau noir, noisetier, troène, fusain...), attirera beaucoup plus d'insectes et d'oiseaux qu'une haie de lauriers ou de thuyas. Comparé à une pelouse fleurie, le gazon est un désert végétal. Certes, le hérisson et le pic-vert aiment déambuler sur les herbes rases, mais il faut aussi quelques zones d'herbes folles ou même un carré d'orties, indispensables pour plusieurs espèces de papillons qui viennent y pondre.

Les fleurs de parterres que l'on achète en jardinerie ne sont pas toutes attractives pour les insectes pollinisateurs : les plus sophistiquées ne possèdent bien souvent pas de nectar. Il faut donc les mélanger à des fleurs sauvages, qui se raréfient. Très agréables pour leur parfum et leurs vertus culinaires, les plantes aromatiques comme la lavande, le thym, la sauge, la menthe... nourrissent de nombreux insectes butineurs.

Un tas ou un muret de pierres exposé au sud constitue un abri pour les lézards, les crapauds et de nombreux invertébrés. Certains oiseaux, comme le troglodyte mignon ou le rouge-queue noir, viendront construire leur nid dans ses cavités. De même, un tas de bois accueillera la musaraigne ou le hérisson, qui peut y hiberner s'il est garni de feuilles mortes.

Au lieu de jeter les déchets organiques à la poubelle (épluchures de fruits et légumes, tontes d'herbe...), mieux vaut en faire du compost* : on obtient ainsi un engrais naturel et les nombreux micro-organismes* qui s'y trouvent régalent les oiseaux. Ces derniers ont également besoin d'un point d'eau. Mieux encore : une petite mare, qui attirera une foule d'espèces.

Enfin il ne faut pas utiliser d'engrais chimiques ni d'insecticides (*voir p. 74-75*), mais faire confiance aux alliés naturels : la coccinelle, par exemple, tout comme sa larve, engloutit une centaine de pucerons par jour, tandis qu'une mésange capture quotidiennement 300 chenilles.

L'été, à la tombée de la nuit, on surprend facilement de petites chauves-souris en vol autour des habitations, où elles chassent en émettant des cris aigus. Il s'agit bien souvent de la pipistrelle, la plus commune des 33 espèces recensées en Europe. Ce mammifère volant est inoffensif. Ailes fermées, il tient sur un doigt de la main.

On estime à 700 000 le nombre de hérissons qui meurent écrasés sur les routes d'Europe chaque année. Cet insectivore nocturne porte en moyenne 5 000 piquants, qui sont en fait des poils creux renforcés. Seuls le hibou grand-duc et le blaireau pourvu de longues griffes parviennent à le capturer.

LA MAISON, UN VRAI ZOO !

Reconnaissable à ses huit pattes interminables, le pholque se met à danser quand on frôle sa toile. Velue, mais sans danger, la tégénaire se trouve souvent dans les baignoires. Les cloportes recherchent les lieux humides et les "poissons d'argent" se nourrissent des débris tombés au sol. La fouine fréquente les greniers et les garages. Le loir hiberne dans l'isolation du toit. Abeilles, guêpes et frelons apprécient aussi la chaleur du grenier.

À première vue, on dirait un colibri qui explore chaque fleur à toute vitesse. En réalité, il s'agit du moro-sphinx, un papillon de 3 cm qui plonge sa longue trompe dans les corolles de fleurs en faisant du surplace. Son vol caractéristique repose sur une cadence de 75 battements d'ailes par seconde.

Au printemps, l'hirondelle de fenêtre maçonne un nid de boue sous les balcons ou les avancées de toits. Ces migrateurs protégés voient malheureusement souvent leurs nids détruits illégalement, par souci de propreté... Résultat : en Europe, leur population a diminué de 20 à 50 % depuis 1970.

Le bocage, une campagne menacée

Il y a moins de 10 000 ans, la forêt recouvrait toute l'Europe. En pratiquant l'élevage et l'agriculture, les hommes ont façonné au fil du temps les paysages de campagne. Plaines cultivées et bocages ont peu à peu détrôné la forêt.

La haie, un écosystème à part entière

Au XIXe siècle, les forêts n'occupent plus qu'une minuscule partie de l'Europe, dominée par le bocage depuis le Moyen Âge. Les haies forment des clôtures végétales pour le bétail, qu'elles protègent de la pluie, du soleil et du vent. Les paysans y coupent du bois pour se chauffer et fabriquer des outils, ils y ramassent des baies...

Après la Seconde Guerre mondiale, l'agriculture se modernise. Les champs et les pâturages sont désormais trop petits et trop dispersés pour les engins mécaniques. On décide de les regrouper et de les agrandir : c'est le remembrement. Rien qu'en France, trois millions de kilomètres de haies ont ainsi été arrachées.

Contrairement au lapin de garenne, le lièvre brun ne creuse pas de terrier. Cette espèce a régressé en Europe en raison des pratiques agricoles.

1. Nid de guêpes
2. Mulot sylvestre
3. Orvet fragile
4. Salamandre tachetée
5. Troglodyte mignon
6. Rossignol philomèle
7. Belette
8. Pie-grièche écorcheur
9. Fauvette à tête noire

Les quelque 3 millions de poteaux métalliques creux installés par France Télécom dans les années 1970 se sont révélés de terribles pièges pour les oiseaux cavernicoles (chouettes, mésanges...), les écureuils, les chauves-souris... Ceux-ci les exploraient sans pouvoir en ressortir. Des associations se sont mobilisées pour en obturer* le sommet.*

Surnommée "chouette aux yeux d'or", la chevêche d'Athéna est le plus diurne de nos rapaces nocturnes. Grand chasseur d'insectes, cette chouette d'une vingtaine de centimètres apprécie les vieux arbres et les vergers. L'emploi de pesticides et la transformation du bocage l'ont fait disparaître de nombreuses régions.*

Des conséquences graves

Aujourd'hui remis en cause, l'arrachage des haies a porté un coup dur à la biodiversité de nos campagnes. Remplacées par des clôtures, les haies ne jouent plus leur rôle écologique. Placées sur des talus dans les terrains pentus, elles freinaient le ruissellement des eaux de pluie et l'érosion* du sol, protégeant les parcelles et limitant les inondations. Mises bout à bout, les haies constituaient un immense réseau dans lequel une foule d'animaux se déplaçaient sans être vus.

Heureusement, il reste encore quelques régions où le bocage est relativement préservé : dans le nord de l'Espagne, en Galice ; dans le centre et l'ouest de la France ; dans les îles Britanniques ; en Scandinavie et dans le nord de l'Allemagne.

L'openfield ❶, qui signifie "champ ouvert" en anglais, est un paysage agricole typique du nord et de l'est de l'Europe, par opposition au bocage ❷, paysage caractéristique du littoral atlantique, où les parcelles sont limitées par des haies.

QU'EST-CE QUE L'AGRICULTURE BIOLOGIQUE ?

Fondée sur le respect de la nature et des paysages comme le bocage, l'agriculture biologique est née en Europe au début du XXe siècle. Elle refuse la plupart des engrais chimiques et des pesticides, ainsi que tous les organismes génétiquement modifiés (voir p. 75). Elle entend préserver l'équilibre du sol et des plantes, choisissant les espèces animales et végétales adaptées aux conditions naturelles. Pour s'assurer du respect de ces règles, des organismes contrôlent les exploitations, garantissant que les produits sont conformes à ce mode de production.
En France, 1,8 % de la surface agricole est exploitée en "bio", contre 8 % en Italie et 4 % en Allemagne et au Royaume-Uni.
En France, les produits issus de l'agriculture biologique portent la mention AB. Depuis 2000, la Commission européenne a elle aussi créé un logo portant la mention "Agriculture biologique". Les consommateurs qui achètent des produits étiquetés de ce logo peuvent être certains que ceux-ci contiennent au moins 95 % d'ingrédients produits selon ces règles.

AGRICULTURE BIOLOGIQUE • BIOLOGISCHE LANDWIRTSCHAFT •

Drôle de trogne !

Suivant les régions et les pays, on les appelle trognes, têtards, têtes de chat, tronches... Il est facile de repérer dans le bocage ces arbres (saules, frênes, charmes...) aux formes tarabiscotées qui abritent de nombreux animaux. Autrefois, ils étaient toujours taillés au même niveau pour stimuler la pousse de nombreuses branches, utilisées ensuite comme bois de chauffage. Ces coupes répétées accélèrent la formation de cavités et de bourrelets, donnant à l'arbre cet aspect étrange, malheureusement de plus en plus rare dans nos campagnes.

Omnivore, le renard roux est souvent classé "nuisible" en France, où il fait l'objet de destructions toute l'année, bien que la rage soit éradiquée depuis 2001. Ce canidé peut pourtant dévorer jusqu'à 10 000 campagnols par an, ce qui en fait un auxiliaire précieux pour l'agriculture.

L'églantier a deux surnoms : "rosier des chiens", parce que l'on pensait autrefois que ses fruits rouges guérissaient la rage, et "gratte-cul" en raison des poils irritants qu'ils contiennent. Appelées cynorrhodons, ces baies donnent pourtant une excellente gelée à condition d'en retirer le fameux "poil à gratter" !

Vertes prairies et plaines cultivées

À la différence d'un champ cultivé, une prairie sert à nourrir le bétail - vaches, moutons, chevaux... On distingue toutefois les prairies artificielles, ensemencées spécialement pour produire du foin, des prairies naturelles, beaucoup plus accueillantes pour la faune sauvage.

Dans les prairies artificielles, on cultive des graminées ou des légumineuses sans laisser de place aux fleurs sauvages. Au bout de quelques années, la prairie devient moins productive et l'agriculteur y fait pousser des céréales.

Il y a prairie... et prairie !

Autrefois, les paysans ne cultivaient que les terres les plus fertiles. Les zones trop sèches ou trop humides constituaient des prairies, fauchées pour fournir du fourrage (nourriture) aux bêtes, ou des pâturages où faire brouter celles-ci. Depuis les années 1960, la politique agricole commune de l'Europe encourage des pratiques plus productives. On a appris à drainer les terres trop humides, à irriguer ou à enrichir les sols pauvres avec des engrais chimiques, à faucher mécaniquement... Les prairies naturelles ont ainsi peu à peu disparu au profit des champs de céréales ou des prairies artificielles, qui fournissent du foin ou de l'ensilage* (végétaux conservés dans des silos) destinés à nourrir le bétail en hiver.

TROP DE NITRATES DANS LE SOL !

Les engrais chimiques, d'origine minérale, servent à enrichir le sol avec des éléments nutritifs pour rendre les cultures plus productives. Mais une grande partie est entraînée par les eaux de pluie dans les rivières et les nappes phréatiques. Ces nitrates polluent les eaux en y faisant proliférer des algues. Toxiques pour les bébés, ils se retrouvent parfois dans l'eau du robinet.

"Microcosmos"

En Europe, 80 % des espèces cultivées dépendent directement de la pollinisation* par les insectes : des abeilles, pour l'essentiel. Or, on assiste actuellement à un important déclin de leurs colonies, victimes de différentes maladies partout dans le monde, que les scientifiques peinent à expliquer.

La raréfaction* des prairies naturelles entraîne aussi celle des papillons. En Europe, les espèces fréquentant les prairies ont été réduites de moitié en l'espace d'une quinzaine d'années.

Le demi-deuil fréquente le bord des routes quand l'herbe n'est pas coupée... La fleur offre son nectar au papillon, qui transporte son pollen. En le déposant sur d'autres fleurs, il assure leur reproduction. C'est la pollinisation.

On remarque parfois à la base de la tige de certaines plantes de prairie une sorte de bave. Cet amas constitué de déjections, surnommé "crachat de coucou", sert de protection à la larve de cicadelle écumeuse, minuscule cousin de la cigale.

Les fils qui nous collent au visage quand nous nous promenons sont fabriqués par de minuscules araignées. Trop petites pour se déplacer en marchant, elles sécrètent un fil de soie surnommé "fil de la Vierge" et attendent qu'un courant d'air les emporte plus loin. Certaines sont ainsi propulsées jusqu'à la mer.

L'outarde canepetière (ci-dessus), dont les populations ont décliné de 30 % en trente ans, est au bord de l'extinction. Avec le soutien de l'Union européenne, des agriculteurs volontaires visent à améliorer le milieu de vie de ce bel oiseau, dont la moitié des nids sont détruits par des fauches trop précoces.

Le danger des pesticides

Une chenille ? Vite, un insecticide ! Du chiendent ? Un herbicide ! Un champignon suspect ? Un petit coup de fongicide ! Le mot "pesticide", qui réunit tous ces produits chimiques, signifie "tueur de fléaux".

La France est le troisième consommateur au monde et le premier utilisateur européen de pesticides, qui polluent l'air, le sol et l'eau : 80 % des eaux superficielles et 57 % des eaux souterraines en contiennent. Les scientifiques dénoncent les conséquences qu'ont sur la santé (cancers, baisse de fertilité) les pesticides que l'on trouve sur la plupart des fruits et légumes. L'État français souhaite donc réduire de moitié d'ici à 2009 la vente des substances les plus dangereuses.

Les plaines cultivées

Avec les prairies, les plaines cultivées occupent plus de la moitié du continent européen. Peu d'espèces se sont adaptées à ces monocultures (un seul type de céréale, maïs, colza, tournesol...) nées de l'agriculture intensive. Certaines plantes dites "messicoles" (bleuet, coquelicot...), qui poussent naturellement parmi les céréales, sont devenues rares en raison des herbicides déversés dans les champs. Il en va de même pour les animaux, dont l'habitat se trouve détruit par l'agriculture intensive : des espèces jadis courantes comme les perdrix, les cailles et les alouettes ont vu leurs effectifs chuter en Europe.

Quid des OGM ?

Les organismes génétiquement modifiés, dits OGM, sont des organismes vivants dont les gènes* ont été manipulés pour obtenir certaines propriétés. Par exemple, on introduit dans une plante un gène insecticide qui permet de tuer les parasites s'attaquant à la céréale. Mais on ignore les conséquences de cette intervention sur l'environnement et la santé. On craint par exemple que ces plantes transgéniques ne se croisent avec des espèces sauvages, ce qui constituerait une grave pollution génétique.

Les pays d'Europe sont très divisés sur la culture des plantes transgéniques, qui concernent surtout le soja et le maïs, destinés au bétail. Quelques pays ont interdit par précaution la culture de certains OGM, comme l'Autriche, la Hongrie, la Grèce ou la France, qui préparait en 2008 un projet de loi sur cette question épineuse.

On distingue les sauterelles des criquets grâce à leurs longues antennes. Par ailleurs, leur chant est produit différemment : la sauterelle frotte ses élytres (ailes antérieures, rigides) l'un contre l'autre, tandis que le criquet frotte ses pattes arrière contre les élytres.

Un "cri-cri" monotone monte du sol... et cesse dès que l'on s'en approche. C'est le chant du grillon champêtre mâle, qui s'est probablement réfugié dans son terrier, un trou gros comme le doigt. On peut s'amuser à le faire ressortir en agitant un brin d'herbe sèche à l'intérieur du terrier.

Lexique

Amibe
Animal unicellulaire vivant en eau douce ou salée, ou dans les sols humides.

Arthropodes
Embranchement d'animaux invertébrés dont le corps est recouvert d'une carapace rigide (arachnides, insectes, crustacés).

Autochtone
Personne ou espèce qui a toujours vécu dans la zone où elle se trouve.

Banc de poissons
Ensemble de poissons d'une même espèce qui se déplacent en groupe.

Barrage flottant
Cylindre (parfois gonflable) qui permet d'arrêter la progression d'une nappe d'hydrocarbures à la surface de l'eau.

Bassin houiller
Formation géologique riche en houille, sorte de charbon, c'est-à-dire une roche à base de carbone provenant de la décomposition d'organismes.

Braconnage
Action de pratiquer illégalement la chasse ou la pêche.

Cavernicole
Se dit d'un animal qui vit dans les trous, les grottes, ou d'un oiseau qui niche dans les cavités.

Chlorophylle
Pigment responsable de la coloration verte des plantes.

Chrysalide
Stade de développement qui se situe entre la chenille et le papillon.

Clématite
Plante grimpant dans les haies.

Coléoptères
Ordre d'insectes possédant des ailes antérieures épaisses, appelées élytres (les coccinelles, les scarabées, etc. sont des coléoptères).

Compost
Mélange de résidus organiques et minéraux qu'on laisse fermenter avant de le répandre à terre pour fertiliser un sol.

Défricher
Rendre un terrain propre à la culture en retirant la végétation qui y a poussé.

Démazouter
Nettoyer un site ou un oiseau sali par du pétrole, par du fioul ou par du mazout.

Dérive des continents
Mouvement entamé il y a environ 250 millions d'années, consistant en la dislocation de l'unique continent que comprenait primitivement la Terre (la Pangée), et ayant conduit à la formation progressive des continents et de leur relief.

Diurne
Qui vit le jour, par opposition à nocturne.

Enchevêtrement
Éléments emmêlés les uns avec les autres.

Énergie renouvelable
Par opposition à une énergie fossile (pétrole, gaz...), une énergie renouvelable se reconstitue rapidement. Il s'agit du soleil, du bois, du vent, de l'eau...

Ensilage
Méthode pour conserver le fourrage destiné au bétail.

Érosion
Action de l'eau, du gel et du vent qui attaque les reliefs et les use, et que peuvent aggraver les activités humaines (déforestation, élevage, agriculture intensive...). Sur un sol érodé, la couche de terre fertile disparaît.

Euphorbe des dunes
Plante herbacée à racine profonde qui contribue au maintien de la dune.

Faune
Ensemble des espèces animales vivant dans un espace géographique ou un milieu donnés.

Fécondation
Union d'un gamète (cellule sexuelle) mâle et d'un gamète femelle produisant un œuf dont le développement donnera naissance à un nouvel individu.

Fertilisation
Enrichissement d'un sol par l'ajout de fertilisants (ou engrais).

Flore
Ensemble des espèces végétales qui poussent dans une zone géographique ou un milieu donnés.

Forêt primitive
Se dit d'une forêt qui n'a pas subi de modification de la part de l'homme.

Gallinacés
Ordre d'oiseaux comprenant les poules, les faisans, les cailles, les perdrix, les tétras...

Gène
Fragment de la molécule d'ADN (acide désoxyribonucléique) qui contient les informations nécessaires à la construction des protéines à l'origine des cellules d'un être vivant.

Graminées
Grande famille botanique qui regroupe des milliers d'espèces souvent appelées herbes. Les céréales en font partie.

Homogène
Constitué d'éléments semblables.

Hydrocarbure
Composé organique qui ne contient que du carbone et de l'hydrogène (pétrole, gaz naturel).

Ligne à moyenne tension
Ligne électrique qui permet le transport de l'électricité, dont la tension est moins élevée que sur une ligne à haute tension.

Matière organique
Matière issue des organismes vivants (végétaux ou animaux), dont l'élément essentiel est le carbone.

Micro-organisme
Organisme vivant, invisible à l'œil nu.

Molécule
Élément de base de la matière, formé par un assemblage d'atomes.

Obturer
Boucher une ouverture.

Odeurs musquées
Qui sentent le musc, substance brune très odorante sécrétée par les glandes abdominales du castor.

Palmipèdes
Groupe d'oiseaux aquatiques qui ont des pattes palmées.

Pinnipèdes
Ordre de mammifères carnivores adaptés à la vie aquatique et dont les pattes ont évolué en nageoires (phoques, morses, otaries).

Pollinisation
Processus par lequel le pollen est transporté des étamines (organe mâle) jusqu'au pistil (organe femelle) d'une fleur de la même espèce.

Porosité
Caractère, état de ce qui est poreux, c'est-à-dire plein de trous minuscules.

Pourpier de mer
Plante herbacée rampante à feuilles charnues.

Prairie humide
Prairie temporairement inondée par la mer (pré-salé) ou par un cours d'eau (prairie alluviale).

Prolifique
Se dit d'une espèce qui a la capacité de se reproduire en très grand nombre.

Protozoaire
Organisme possédant une cellule à noyau.

Pyrophyte
Plante qui résiste bien aux incendies.

Rapace nicheur
Oiseau carnivore à bec crochu qui se reproduit dans une zone donnée.

Raréfaction
Fait de devenir rare.

Réservoir génétique
Zone naturelle, race ou espèce qui permet de conserver un patrimoine génétique pour éviter sa disparition.

Rupestre
Se dit d'une espèce qui vit sur les parois rocheuses ou dans les éboulis.

Rustique
Se dit d'un animal ou d'une plante aptes à supporter des conditions de vie difficiles et nécessitant peu de soins.

Terril
Colline formée par l'amoncellement des débris d'une mine.

Tranchées et coupe-feu
Espace de terrain destiné à stopper la propagation des incendies.

Vallée alluviale
Vallée alimentée par les sédiments (petites particules minérales ou organiques) au gré des crues d'un cours d'eau. Ces vallées regroupent différentes zones humides : prairies inondables, marais, ripisylves...

Vasière
Sur le littoral, étendue faite de vase découverte à marée basse.

Vessie natatoire
Poche située dans le ventre de certains poissons qui sert à maintenir leur équilibre et leur flottabilité dans l'eau en fonction de la quantité de gaz qu'elle contient.

Virus H5N1
Nom du virus responsable de la grippe aviaire.

Zinc
Élément chimique commun dans la nature.

Associations et fondations

Association pour la protection des animaux sauvages (Aspas)
Tél. : 04 75 25 10 00
www.aspas-nature.org

Conservatoire du Littoral
Tél. : 05 46 84 72 50
www.conservatoire-du-littoral.fr

Fonds mondial pour la nature (WWF-France)
Tél. : 01 55 25 84 84
www.wwf.fr

Fédération des clubs Connaître et protéger la nature (FCPN)
Tél. : 03 24 30 21 90
www.fcpn.org

Fondation Nicolas Hulot pour la nature et l'homme
Tél. : 01 41 22 10 70
www.fondation-nicolas-hulot.org

Fondation Nature et Découvertes
Tél. : 01 39 56 01 47
www.natureetdecouvertes.com

France Nature Environnement
Tél. : 02 38 62 44 48
www.fne.asso.fr

Greenpeace France
Tél. : 01 44 64 02 02
www.greenpeace.org

Ligue pour la protection des oiseaux (LPO)
Tél. : 05 46 82 12 34
www.lpo.fr

Ligue-Roc
Tél. : 01 43 36 04 72
www.roc.asso.fr

Parcs nationaux de France
www.parcsnationaux-fr.com

Union mondiale pour la nature (UICN)
Tél. : 01 47 07 78 58 ou www.uicn.fr

Revues

La Hulotte
Tél. : 03 24 30 01 30
www.lahulotte.fr

La Salamandre
Tél. : 03 81 39 75 13
www.salamandre.ch

Index

Références iconographiques

1re de couverture : dessin André Boos ; hg : Nyman Marcus/Sunset ; hd : Vincent Munier – 4e de couverture : Christophe Courteau – page de titre : Biosphoto/Philippe Bousseaud – 3 bd : Vincent Munier ; 4 hd : Christophe Courteau ; mg : dessin Evelyne Faivre ; bd : Christophe Courteau – 5 hd : Hellio et van Ingen ; mg : Biosphoto/Jean-Luc Kokel ; bd : dessin Valérie Decugis – 6 hd : dessin Valérie Cœugniet ; bg : dessin Valérie Cœugniet – 7 encadré : dessin Christophe Drochon ; bg : dessin Valérie Cœugniet – 8 hd : Hellio et Van Ingen ; bd : Biosphoto/Jean-Philippe Delobelle ; bg : carte Valérie Cœugniet – 9 hd : Biosphoto/Philippe Bousseaud ; mg : Gilles Martin ; bg : Biosphoto/Phone Labat/J.-M. Rouquette ; encadré : Valérie Cœugniet – 10-11 : dessin Valérie Cœugniet – 12 hd : dessin Valérie Cœugniet ; b : dessin Valérie Cœugniet – 13 h : dessin Valérie Cœugniet ; bd : Gilles Martin – 14 hd : Christophe Courteau ; mg : Erwan Balança – 15 hg : dessin M. Le Gall ; bd : dessin Evelyne Faivre – 16-17 : Carte et dessins Amélie Veaux – 18 hg : dessin Evelyne Faivre ; bd : FLPA/Sunset – 19 encadré : Hellio et Van Ingen ; bg : Cyril Ruoso – 20-21 : Pawe3 Supernak/PAP/Corbis – 22 hg : Sunset/Imagebroker ; hd : M. Decleer/Wildlife Pictures/Biosphoto ; b : Roland Jaffuel/Parc national des Cévennes – 23 hg : Hervé Roque/LPO ; hd : Hellio et Van Ingen ; md : Horst Helbing/Naturbild/Okapia/Biosphoto ; bg : Espaces naturels comtois – 24 hg : Carte R. Roussel ; b : Biosphoto/Philippe Bousseaud – 25 hg : Hellio et Van Ingen ; md : dessin P. Morin ; bg : Vincent Munier – 26 hd : Vincent Munier ; b : dessin R. Mac – 27 hd : dessin R. Roussel ; mg : Vincent Munier ; bd : Vincent Munier – 28-29 : Christophe Courteau ; 29 : carte Valérie Cœugniet – 30 : Christophe Courteau – 31 encadré : Gilles Martin (g), Christophe Courteau (d) ; mg : Christophe Courteau ; bd : Biosphoto/Patricia Danna – 32 : Biosphoto/P. Durand/UNEP/Still – 33 encadré : Gilles Bentz/LPO ; hd : Christophe Courteau ; bg : Biosphoto/Mark Edwards/Still Pic – 34-35 : dessins Luc Favreau ; Biosphoto/Luis Casiano ; encadré : Biosphoto/Dominique Halleux – 36 : Biosphoto/Michel Gunther – 37 h : Biosphoto/Michel Gunther – 38 : dessins Valérie Decugis ; bg : Biosphoto/Thomas Raupach – 39 h : dessin Olivier Fertel – 40 : dessin André Boos – 41 encadré : Hellio et Van Ingen ; md : Gilles Martin ; bd : Gilles Martin – 42 : Erwan Balança – 43 hd : Vincent Munier ; mg : Christophe Courteau ; bd : Biosphoto/Frédéric Fêve – 44 : Hello van Ingen – 45 hd : Christophe Courteau ; mg : Christophe Courteau ; encadré : Christophe Courteau ; bg : dessins J.-M. Pariselle – 46 hd : Biosphoto/Hugo Willocx ; mg : Gilles Martin ; bd : Biosphoto/Christian Testu – 47 hd : Erwan Balança ; mg : Vincent Munier ; md : Biosphoto/John Caucalosi ; bg : Hellio et Van Ingen – 48 : dessins Amélie Veaux ; b : Vincent Munier – 49 hd : Vincent Munier ; mg : Christophe Courteau ; bd : Emile Barbelette/LPO – 50-51 : Erwan Balança ; dessins Evelyne Faivre – 52 : dessin Valérie Cœugniet – 53 g, de haut en bas : Leemage/Stefano Beccio, Leemage/Claudio Penna, Leemage/Federico Meneghetti ; d : dessin Valérie Cœugniet – 54 h : Hellio et Van Ingen ; bd : carte Amélie Veaux – 55 encadré : dessin Amélie Veaux ; md : Sunset/imagebroker/Reinhard Dircherl ; bg : Hellio van Ingen – 56 : Erwan Balança – 57 hd : Gilles Martin ; mg : Biosphoto/Fabien Brugman ; bd : Biosphoto/Jean-François Noblet – 58 : Biosphoto/Michel Gunther ; carte Amélie Veaux – 59 hd : Hellio et van Ingen ; encadré : Hellio et Van Ingen ; bg : Biosphoto/Romeo Alberto/vi – 60 hg : Biosphoto/Frédéric Pawlowski ; b : Francesco Muntada/Corbis – 61 hg : Hellio et van Ingen ; md : Hellio et Van Ingen ; encadré : dessins Jean-Luc Guérin et A. Bienfait – 62 hd : Biosphoto/Bruno Pambour ; bg : Biosphoto/Jean-Bernard Piermé – 63 hd : Gilles Martin ; mg : Biosphoto/Annie et J.C. Malausa ; encadré : Gilles Martin – 64 : dessin J.-J. Hatton – 65 g : Biosphoto/Jean-Frédéric Ittel ; md : Biosphoto/Jean-Luc Kokel – 66 hd : Vincent Munier ; bg : Nyman Magnus/Sunset – 67 h : Vincent Munier ; mg : Vincent Munier ; bd : Vincent Munier – 68 hd : Hellio et Van Ingen ; bg : Biosphoto/Franck Renard – 69 hd : carte Michel Bonavitacola/ANPSN ; bg : Vincent Munier ; bd : Biosphoto/Agnès Duret – 70-71 : dessin Valérie Decugis – 72 h : Vincent Munier ; b : dessin P. Morin – 73 hd : dessins Amélie Veaux ; bd : dessin Valérie Decugis – 74 hg : Hellio et Van Ingen ; hd : Hellio et Van Ingen ; bd : Gilles Martin – 75 hg : Biosphoto/Chatagnon Jean-Paul ; bd : Sunset/Wallis.

Les images DVD sont extraites du film *La vie en sursis*.
Les pictogrammes illustrant la frise ont été dessinés par Nicolas Julo.

VOIR LES ANIMAUX

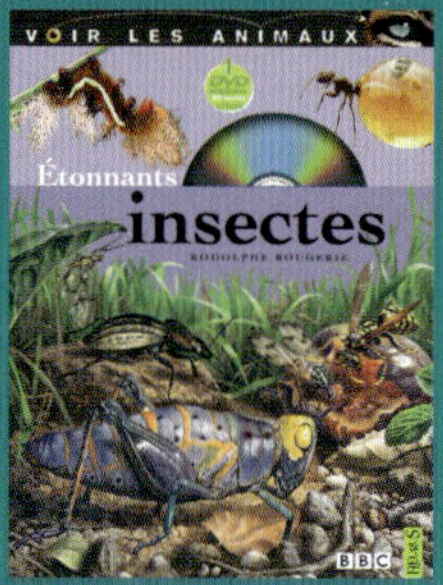

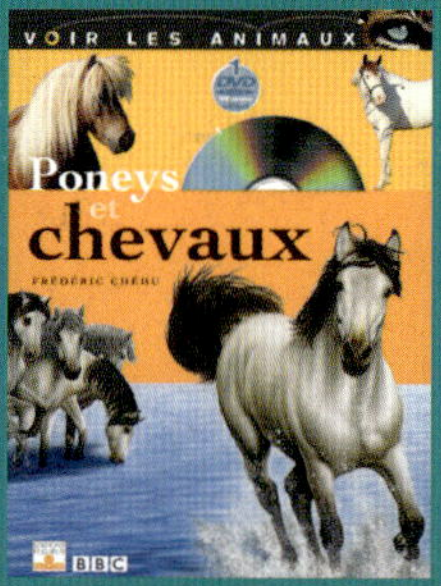

VOIR L'HISTOIRE

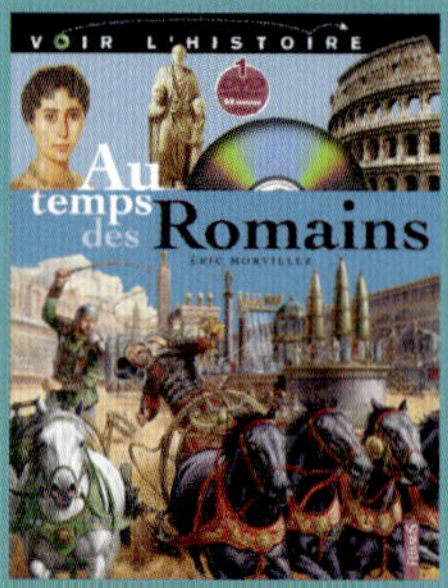

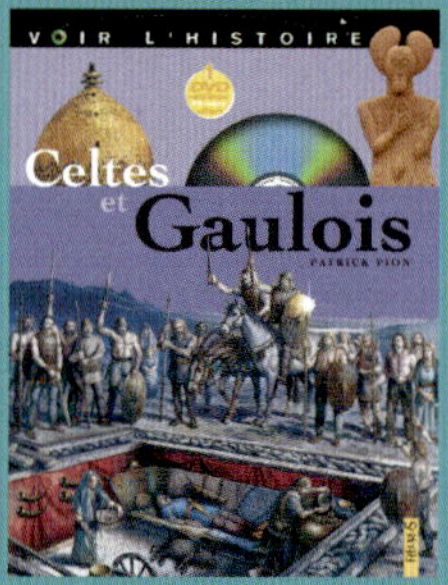

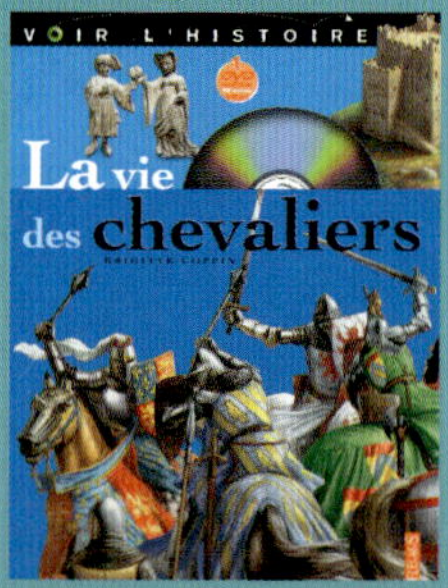

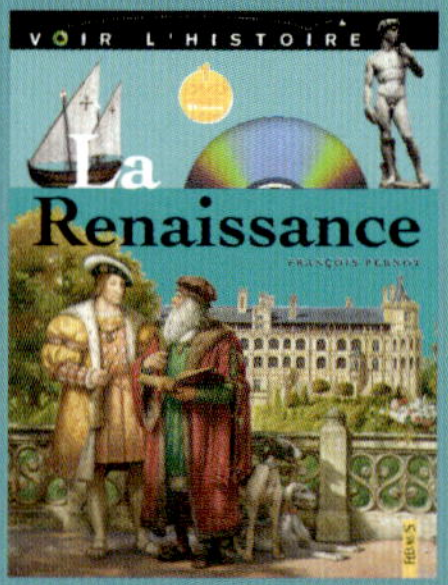

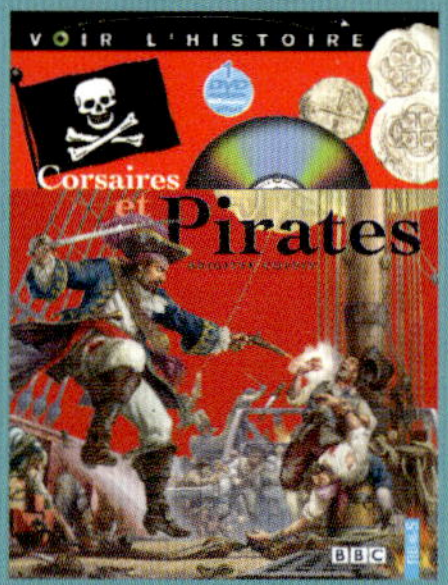